KB115872

# 전쟁은 일본인의 밥상을 어떻게 바꿨나

중일전쟁부터 패전 이후까지

**지은이**

**사이토 미나코** 斎藤美奈子, Saito Minako
1956년 니가타현新潟県 출생. 문예평론가. 1994년에『임신소설妊娠小說』로 문단 데뷔. 문예평론, 사회평론, 서평 등을 폭넓게 집필. 2002년『문장독본 씨에게文章読本さん江』로 제1회 고바야시 히데오小林秀雄상 수상. 이외에도『취미는 독서.趣味は読書.』,『책의 책本の本』,『관혼상제의 비밀冠婚葬祭のひみつ』등이 있다.

**옮긴이**

**손지연** 孫知延, Son Ji-youn
경희대학교 일본어학과 교수. 경희대 글로벌 류큐오키나와연구소 소장. 저서로『전후 오키나와문학을 사유하는 방법』,『냉전 아시아와 오키나와라는 물음』(공편),『전후 동아시아 여성서사는 어떻게 만날까』(공편), 역서『오시로 다쓰히로 문학선집』,『기억의 숲』,『오키나와와 조선의 틈새에서』,『오키나와 영화론』,『슈리의 말』,『일본 근대소설사』등이 있다.

**전쟁은 일본인의 밥상을 어떻게 바꿨나**
중일전쟁부터 패전 이후까지

**초판발행**   2024년 7월 31일

**지은이**   사이토 미나코
**옮긴이**   손지연

**펴낸이**   박성모
**펴낸곳**   소명출판
**출판등록**   제1998-000017호
**주소**   서울시 서초구 사임당로14길 15 서광빌딩 2층
**전화**   02-585-7840
**팩스**   02-585-7848
**이메일**   somyungbooks@daum.net
**홈페이지**   www.somyong.co.kr

**ISBN**   979-11-5905-906-3 03380
**정가**   17,000원

ⓒ 소명출판, 2024

잘못된 책은 구입처에서 바꾸어드립니다.
이 책은 저작권법의 보호를 받는 저작물이므로 무단전재와 복제를 금하며,
이 책의 전부 또는 일부를 이용하려면 반드시 사전에 소명출판의 동의를 받아야 합니다.

중일전쟁부터 패전 이후까지

# 전쟁은 일본인의 밥상을 어떻게 바꿨나?

사이토 미나코 지음
손지연 옮김

SENKA NO RECIPE－TAIHEIYOSENSOKA NO SHOKU WO SHIRU

by Minako Saito

ⓒ 2002 and 2015 by Minako Saito

Originally published in 2002 and 2015 by Iwanami Shoten, Publishers, Tokyo.

This Korean edition published 2024

by Somyong Publishing, Seoul

by arrangement with Iwanami Shoten, Publishers, Tokyo

이 책의 한국어판 저작권은 베스툰 코리아 에이전시를 통해
일본 저작권자와 독점 계약한 '소명출판'에 있습니다.
저작권법에 의해 한국 내에서 보호를 받는 저작물이므로
무단전재나 복제, 광전 매체 수록 등을 금합니다.

**일러두기**

1. 본문 안의 수량표기는 원문 그대로이며, 저자가 다음과 같은 기준으로 환산하여
   괄호( ) 안에 표기한 것이다.

   1寸 = 3.03cm　　[예] 3寸(9cm)

   1勺 = 18cc　　　[예] 3勺(50cc)

   1分 = 3.03mm　　[예] 5分(1.5cm)

   1升 = 1.8L　　　[예] 2升(3.6L)

   1匁 = 3.7g　　　[예] 50匁(180g)

   1斗 = 18.039L　　[예] 3斗(54L)

   1合 = 180.3cc　　[예] 3合(540cc)

   1石 = 약180L　　[예] 4石(720L)

   쌀의 경우, 1합 = 150g, 1석 = 150kg, 단, 배급량 사료에서 환산 수치도 포함해서
   표기한 경우도 있다. [예] 2합 3작(330g)

2. 채소명 등 일반 명사의 표기가 잡지에 따라 다른 경우가 있는데, 원칙적으로 잡지
   의 원문에 따랐다.

전시기는 먹거리와의 싸움이기도 했다. '사치는 적이다'라고 일컬어지던 시대의 식생활 사정을 보여주는 여성지 표지들.

『주부의 벗』 1944년 12월호
『주부의 벗』 1945년 4·8월호
『부인의 벗』 1944년 3·4월호
『부인구락부』 1944년 6·7·10·12월호

# 전시기 레시피를
# 활용해 만든 요리들

## 면 덮밥

쌀 부족 상황을 극복하기 위한 방안으로 '절미요리'가 유행.
쌀 대용식으로, 주식으로, 반찬으로 큰 활약을 했던 우동. 잘게 썰어
볶은 우동도 숟가락으로 떠먹으면 볶음밥 느낌이 난다.

**볶은 쌀 3종**

언제 공습경보가 울릴지 모르는
긴급한 상황에 제격인 비상용
볶은 쌀.

**차밥**

전쟁 말기에는 차 찌꺼기도 버리지
않고 다키코미고항(채소와 생선,
고기를 넣고 간을 해 지은 밥)
고명으로 활용.

5

## 단오 오셋쿠 요리

'대동아공영권건설'이라는 구호에 휩쓸려
단오 셋쿠 메뉴에도 군국주의를 선전하는 요리 등장.
왼쪽부터 비행기 미트볼, 군함 샐러드, 철모 메쉬.
『부녀계』 1929년 7월호

**우동한천**
우동을 넣어 굳힌 한천

**겨를 넣은 비스킷**
볶은 쌀겨로 초콜릿 풍미를 살린 비스킷.

8

## 토란떡

단맛에 굶주린 아이들을 위한 수제 간식.
부족한 식재료를 보충하기 위해 다양한
방법을 시도했다. 떡에는 멥쌀 대신
토란을 넣어 찰기를 더했다.

9

捨ててゐ
たものの
食べ方

灰汁でゆでて
アク抜きするもの

水に
つけて
アク抜きを
するもの

蒸しゆでに
して
アク抜きを
するもの

버려지던 껍질이나 씨도 먹어야 한다는 결전 식생활 입문서까지 등장.
영양소 손실을 최소화하고 버려지던 것들까지 최대한 이용했다.
부엌에 붙여놓고 볼 수 있도록 식생활 편람도 제작해 배포했다. 『부인구락부』 1944년 8월호

# 길가의 잡초도
# 고구마 줄기도 채소로 등극!

밭에서 재배하는 채소는 귀한 존재. 호박이나 고구마는 주식의 여왕으로 등극. 잡초나 들풀은 나물이나 죽, 장아찌로, 누렇게 변한 이파리나 질긴 줄기는 건조시켜 가루로 만들어 먹었다. 그러나 전쟁 말기에 접어들면 그마저도 구하기 어렵게 된다.

질경이

사람들 눈에 쉽게 띄는 길가나 공터에 자란다. 가늘게 채썰어 다키코미고
항이나 죽에 넣어 먹으면 일품이다. 이파리와 씨는 기침 약제로 사용했다.

호박

이파리는 된장찌개에 넣거나 나물, 볶음요리로. 줄기는 다키코미고
항, 장아찌, 조림으로. 단맛이 나는 줄기는 머위보다 맛있다는 평판!?

**고구마**
이파리는 죽이나 나물, 장아찌 등으로 활용. 줄기는 잘게 썰어 먹는다.

**무**
이파리는 무쳐 먹거나 겨나 소금에 절여 먹는다. 보존식.

**강낭콩**
콩 이파리는 데친 후 볶음요리로, 콩은 건조시켜 후리카케로.

**감자**
데친 후 나물이나 볶음요리로.

**민들레**
길가에 서식. 소금에 절여 먹으며, 꽃도 식용 가능.

**칡**
구릉이나 산에 서식. 이파리와 덩굴 모두 식용 가능.

**토끼풀**
길가에 서식. 잘 씻어서 된장국이나 죽에 넣어 먹는다.

**쑥**
산이나 길가에 서식. 절임류나 나물, 죽에 넣어 먹는다.

**참소루쟁이**
논밭 두렁이나 습한 길가에 서식. 절임류나 다키코미 고항으로.

**쇠비름**
길가나 밭에 서식. 데치면 점액이 나온다. 볶거나 후리 카케로.

**삼백초**
평지 그늘이나 길가에 서식. 특유의 향이 있어 볶거나 조림류로.

**바위취**
습한 바위 위에 서식. 절임류나 죽에 넣어 먹는다. 약 효도 있다.

# 전시하 식생활 용품 카탈로그

## 냄비와 밥통은 있지만 쌀이 없다

부엌 필수품은 시대에 따라 변화하기 마련이다. 전쟁으로 인해 사용 빈도가 높아진 것도 있고 줄어든 것도 있다. 쌀통은 텅 비어 제 역할을 하지 못한 지 오래. 밥통도 출전 기회를 잃었다. 요긴해진 도구들은 따로 있었다. 구입할 수 없는 도구들은 집집마다 폐기물을 이용해 손수 제작했다.

빈병을 사용해 만든 간이 정미기
1943년부터 배급 쌀이 현미로 바뀌면서 겨는 가정에서 일일이 벗겨내야 했다. 쌀 한 되를 병에 넣고 봉으로 휘젓는다. 2시간 정도 저으면 7부 정미가 완성된다.

**배낭**

배낭을 메고 몇 시간이나 열차를 타고 나가야 장을 볼 수 있었다. 장 볼 때 필수품.

**솥**

전쟁 전 백미를 짓던 솥이 잡곡밥 전용으로. 밥양을 늘리는 방법도 다양하게 고안되었다.

**밥통**

주식이 죽이나 수제비로 바뀌면서 고기와 채소 등을 골고루 섞어 먹는 데 사용하던 이 용기도 필요 없게 되었다.

**질냄비**

콩이나 생콩가루 등 볶아 먹는 식자재가 늘어나면서 이처럼 대형 그릇들이 필수품이 되었다.

**수제 화덕**

가스나 숯을 자유롭게 사용할 수 없게 되자 손수 제작한 간이 화덕이 등장했다.

**쌀통**

전쟁 전에는 나무로 된 쌀통을 사용했다. 아이들은 이 안에 쌀을 가득 채우는 꿈을 꾸었다.

17

# 돈만으로는 먹을 것을
# 살 수 없다

다양한 생활 물자가 배급제로 바뀌게 된 전쟁 중의 삶. 배급표가 없으면 먹을 것을 살 수 없었다. 생명 다음으로 소중히 여겼던 배급표.

유아용 유제품 구입표

가정용 미곡 통장

음용 우유 증명서

배급표라고 불리던 품목별 구입표. 1인당 양이 정해져 있어 현금과 함께 배급표가 사용되었다. 쌀, 소금, 주식 등의 중요한 물품은 통장에 도장을 찍는 방식으로 배급 받았다. 분실하면 그걸로 끝. 울고 싶은 심정이었을 게다.

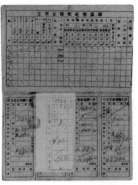

주요 식량 구입권

포식의 나라에 사는 우리는 먹는 즐거움에 푹 빠져있다.

슈퍼마켓에는 각양각색의 식재료가 넘쳐나고, 백화점 지하 식품관은 언제나 대혼잡. 맛집으로 소문난 가게에는 사람들로 발 디딜 틈이 없고, 서점마다 화려한 표지의 요리책들이 눈길을 끈다. 세상에는 먹을 게 없어 굶주린 사람들도 많다고 하는데 좀처럼 와닿지 않는다.

일본도 상상을 초월할 정도로 먹을 것이 없던 시절이 있었다. 바로 전쟁을 하던 시기다. 전쟁으로 많은 사람들이 희생되었고, 살아남은 사람들도 이번엔 먹을 것이 없어 먹거리와의 전쟁을 치러야 했다.

이 책은 전시기 먹거리의 세계로 우리를 안내할 가이드북이다. 전쟁 전에 발행되던 잡지는 종이 부족 등으로 대부분이 휴간되거나 폐간 위기에 처했다. 그러나 패전할 때까지 간신히 목숨을 부지한 몇몇 여성지『부인의 벗』, 『주부의 벗』, 『부인구락부』는 비가 오나 눈이 오나, 심지어 폭탄이 떨어진대도 요리코너를 이어갔다. 지금부터 소개할 레시피들은 모두 전시기 여성지에 실제로 실렸던 것들이다.

전시기 먹거리에 대해서는 단편적이긴 하지만 어느 정도 알려져 있다. 쌀이 부족했다든가, 고구마 줄기까지 먹었다든가, 수제비만 먹었다든가 하는 식의 이야기들 말이다. 대체 어떤 상황이었기에 고구마 줄기까지 먹어야 했을까? 거기까지 상상력을 펼치기란 쉽지 않을 것이다. 전쟁은 일본인들의 밥상을 어떻게 바꿔 갔을까? 그 안으로 들어가보자.

'전시기 먹거리'라고 한 마디로 표현할 수 없을 만큼 지역차도 크고 여러 변수가 자리하지만, 이 책을 통해 당시 상황을 어느 정도는 파악할 수 있을 것이다. 단순한 요리 레시피가 아니라, 먹거리와의 전쟁, 혹은 배고픔을 이기고 살아남기 위한 레시피로 읽어주기 바란다. 만약 흥미가 생겼다면 직접 요리해 맛보기를 권한다. 글로 표현된 정보만으로는 알 수 없는 리얼한 전쟁 상황을 추체험할 수 있을 것이다.

## 차례

# 제1장

# 쇼와의 모던한 식문화

## 전쟁 전 레시피

쇼와 초기 모던걸.
이 무렵은 의식주의 변혁기였다.

# 농촌 먹거리와 도시 먹거리

## 빈곤한 농촌, 풍요로운 도시

전시기 먹거리를 알기 위해서는 전쟁 전 음식에 대해 알아둘 필요가 있다. 쇼와昭和:1926~1989 초기의 일본 가정의 먹거리 사정은 어땠을까?

전쟁 전 일본은 지금은 상상하기 어려울 정도로 지역 간 격차도 컸고, 빈부 격차도 컸다.

그 가운데 농촌의 궁핍함은 한층 더했다. 쌀만 하더라도 쌀을 주식으로 삼았던 농가는 얼마 되지 않았다. 쌀은 수확한 것의 반 이상을 소작료로 차출되었고 그 이외의 쌀은 현금으로 바꿔 사용해야 했다. 힘들여 수확한 백미는 1년에 두세 번 정월이나 마쓰리お祭り:일본의 전통 축제와 같은 특별한 날에만 먹을 수 있었다. 평소 주식은 상품 가치가 없는 싸라기에 통보리와 납작보리를 섞은 보리밥과 채소와 감자, 잡곡을 섞은 가테메시かて飯:솥밥였다. 죽이나 채소에 된장을 풀어 만든 조스이雜炊:채소와 된장 등을 넣고 끓인 죽를 즐겨 먹던 지방도 있었고, 농지가 적었던 산간부에서는 좁쌀이나 기장, 피 등의 잡곡류와 고구마가 주식인 지역도 있었다. 특히 쇼와 초기에는 도호쿠東北 지방의 냉해로 인해 흉작이 계속되어 영양실조에 걸린 아이들결식아동이라고도 불렀다이 많았다. 전쟁이 식생활의 빈곤을 초래했지만, 농촌은 전쟁 전에도 먹을 것이 부족했던 것이다.

그와 반대로, 도시에서는 다채로운 식문화를 향유했다. 주식은 물론 쌀집에서 배달되어 오는 흰쌀. 아침으로 빵과 커피를 즐기기도 하고 카레라이스는 가정식 단골 메뉴였다. 고로케, 프라이, 햄버거, 양배추롤, 스튜, 오므라이스 등도 식탁에 올랐고, 양식 레스토랑과 백화점 식당가가 인기를 끌었다.

1939년 무렵은 전쟁이 시작되었다고는 하나, 식탁 사정은 이전과 크게 바뀌지 않았다. 일본 요릿집으로 유서가 깊은 야오젠八百善부터 제국호텔 주방장이 전하는 고급스러운 가정요리에 이르기까지 실로 다양한 메뉴가 여성지 지면을 장식했다.

참고로 소바, 우동과 같은 안정적인 매출이 보장되는 일본식 메뉴가 확립된 것은 에도江戸시대였다. 서양요리가 일본에 들어오는 것은 메이지明治 : 1868~1912 시기인데 그것이 '양식'이라는 이름으로 가정에 보급되는 것은 다이쇼大正 : 1912~1926부터 쇼와 초기에 걸친 시기이다. '양식'이란 서양요리를 일본풍으로 바꾼 화양절충和洋折衷식 요리를 일컫는다. 고로케, 돈가스, 카레라이스 등은 모두 일본에서 탄생한 '양식'이다. 일본인은 외래문화를 자기 것으로 만드는 기술이 남다르다.

## 개량 풍로를 갖춘 시스템키친

부엌 설비도 도시와 농촌 간 격차가 컸다.

농촌에는 부엌이라고 부를만한 곳 자체가 존재하지 않았다. 재료를 손질하거나 설거지, 빨래까지 모두 냇가에서 해결해야 했다. 볶거나 끓일 때는 밖에 설치한 화덕이나, 가족들이 옹기종기 모여 앉아 담소를 나누는 이로리囲炉裏 : 방바닥·마룻바닥을 사각형으로 파내고 난방·취사용 불을 피우게 만든 장치를 사용했다. 물은 바깥 우물에서 힘들게 길어와야 했고, 불을 피우기 위해 장작을 패는 일상. 이런 상황에서 요리에 열정을 다하는 건무리다.

한편, 도시에서는 1923년<sup>다이쇼12</sup> 관동대지진 이후 겨우 부엌다운 설비가 마련되기 시작했다. 수도, 전기, 가스 등의 인프라가 정비되었는데, 이 가운데 가장 먼저 보급된 것은 전기였다. 쇼와 초기까지 지방 도시는 물론 농촌이나 산촌 구석구석까지 전기가 들어왔다. 가스나 상수도가 보급되는 것은 한참 후의 일이다.

도쿄의 최신식 다세대 주택도 수도꼭지가 달린 작은 싱크대에 가스풍로 하나가 전부였다. 교외 지방 도시 가정의 경우, 수도는 우물<sup>부엌으로 연결해 수도꼭지를 달기도 했다</sup>, 취사에는 화덕, 풍로, 개량 풍로<sup>숯이나 석유를 연료로 사용하는 풍로</sup>가 사용되었다. 이렇게 수도꼭지를 틀면 물이 나오고 성냥 하나로 불을 붙일 수 있는 풍로가 등장하면서 조리 방법도 다양해졌다. 그러나 아직 케이크나 빵 같은 달콤한 간식류를 만드는 건 꿈도 못 꿀 일이었다.

지금은 상상하기 어렵지만 당시 부엌에는 냉장고가 없었다! 여름에는 얼음에 보관하기도 했지만, 일 년 내내 사용할 수는 없는 노릇. 식기는 필요에 따라 그때그때 사서 사용했다. 서민들이 모여 사는 곳은 한 발만 나서면 바로 앞이 가게였고, 야마노테<sup>山の手</sup>라든가 교외의 경우도 배달을 시키거나 행상인들에게서 채소나 생선류를 손쉽게 구입할 수 있었다. 편의점이나 배달이 일상화된 현대 생활에 가까운 형태.

쌀도 제대로 먹을 수 없었던 농촌과 다채로운 식품을 손에 넣을 수 있었던 도시. 전쟁이 발발하자 이러한 상황은 역전되었다. 도시에 먹을 것이 사라지고 자급자족하던 농촌은 먹을 것이 남아도는 아이러니한 사태. 전쟁 전에는 생각지도 못할 일이었다.

## 쇼와 초기의 가정 식탁

### 농촌 식탁의 예

일반가정에서는 무로 만든 가테메시かてめし:잡곡밥와 된장국, 장아찌를 즐겨 먹었으며, 거기에 여분의 반찬 하나만 더해지면 훌륭한 밥상이었다. 날마다 가테메시를 맛있게 짓는 것은 주부의 자존심. 불 조절과 물 조절에 주의를 기울여야 한다.

완성된 밥 위의 건더기를 걷어 올리면 흰쌀밥이 나온다. 우선 불단 위에 한 숟가락 떠 올리고, 장사를 나가는 시어머니의 도시락을 싸고, 남은 것을 잘 섞어 밥통에 옮겨 담는다. 국물 건더기는 제철 재료를, 겨울철에는 무나 단배추가 제격이다.

『채록 니가타의 식사聞き書 新潟の食事』

### 도시 식탁의 예

여성지에는 돈가스, 고로케, 카레라이스를 비롯해 소고기 버터구이, 햄버거, 양배추 롤, 그리고 돼지고기 생강구이 등의 요리법이 자세하게 기술되어 있다.

요리 기사를 참고해 만들기도 하고 응용해 맛을 내기도 했다.

돈가스, 고로케 등은 직접 튀기기보다 가까운 정육점에서 튀겨진 것을 구입해 가늘게 채 썬 양배추를 듬뿍 곁들여 먹었다.

『채록 도쿄의 식사』

## 전쟁 초기의 생선 요리

### 다타키たたき:두드려 다진 것 가다랑어 즉석 요리 ──────────

제철 가다랑어는 예로부터 초여름 보양식으로 잘 알려져 있으며 특유의 풍미가 일품 이다. 마쓰바이부시松葉いぶし:송엽에 그슬린 것, 와라이부시藁いぶし:짚에 그슬린 것 등 다양하다. 가 정에서 손쉽게 먹으려면 밀가루 옷을 가볍게 입힌 후 꼬치에 꽂아 굽는다.

겉은 바삭하고 속은 촉촉하게 익히는 것이 팁. 겉면이 타지 않도록 뒤집어가며 잘 구운 후 차가운 물에 살짝 담가 밀가루를 털어낸다.

회로 먹기도 하는데, 파도 느낌으로 높낮이를 표현해 장식하고, 대파 줄기로 풍미를 더

한다. 초간장에 겨자를 섞어 찍어 먹거나 얇게 저민 오이를 곁들여 먹으면 별미다.

야오젠八百善 구리야마 젠시로栗山善四郎, 『주부의 벗』 1939년 5월호.

## 마요네즈를 얹은 송어

콜드 샤먼이라고 하여 차갑게 먹는 생선요리다. 송어와 연어는 날로 먹어도 맛있지만 지방이 많아 느끼하기 때문에 데쳐서 먹는 편이 좋다.

우선 생선이 푹 잠길 정도의 물에 보통 크기의 송어 한 마리와 양파 두 개, 당근도 같은 분량으로 준비해 가늘게 채친 후, 파슬리나 향신료, 약간의 소금, 식초를 넣어 끓인다. 뜨거운 물에 바로 넣으면 껍질이 벗겨지고 풍미가 떨어지므로 주의할 것.

끓어오르기 시작하면 불을 낮춰 젓가락을 찔러 가며 익었는지 살핀다. 적당히 익으면 불을 끄고 삶은 물 1/3을 버리고 찬물을 섞어 넣는다. 생선이 너무 푹 익어버리는 것을 막기 위함이다. 차갑게 먹는 생선요리에 꼭 필요한 팁.

차갑게 식혀 놨다가 상에 올리기 직전에 껍질을 벗기고 마요네즈를 얹어 먹는다. 이렇게 데친 생선과 마요네즈는 찰떡 궁합이다.

마요네즈에 편마늘을 곁들여도 좋으며 감자 샐러드를 함께 내도 좋다. 인원이 많은 경우는 통째로 큰 접시에 담아내고 양상추와 토마토로 장식하면 훌륭한 상차림이 된다.

제국호텔 사주장帝国ホテル司厨長 이시와타리 후미지로石渡文治郎,

『주부의 벗』 1939년 5월호.

'롬라이스노 모토' 통조림 광고. 도시에서만 유통되었을 법한데, 전쟁 전에는 이처럼 인스턴트식품도 식탁에 올랐다.

# 여성지와 가정요리

### 요리의 리더는 젊은 아가씨들

전쟁 중인데도 쇼와 초기의 가정요리 메뉴가 풍부했던 것은 어째서일까?

하나는, 식품산업과 유통구조의 발달로 다양한 재료들을 손쉽게 손에 넣을 수 있었기 때문이다. 교통편의 발달로 전국 각지의 신선식품들이 도시로 집중되었다. 가공식품 종류도 늘었다. 우유, 버터, 치즈 등의 유제품. 햄, 소시지, 콘비프 등의 육류가공품. 우스터소스, 토마토케첩, 카레가루, 마요네즈, 화학조미료 등 새로운 조미료도 이 무렵 이미 가정에 보급되었다.

또 다른 하나는, 음식에 관한 정보가 넘쳐났던 것을 들 수 있다. 가정요리의 서양화, 근대화에 커다란 역할을 한 기관 중 하나는 고등여학교다.

고등여학교란 오늘날의 중학교와 고등학교에 해당하는 중등교육 기관을 일컫는다. 전쟁 전 의무교육은 소학교<sup>초등학교</sup>까지였고, 상급학교 진학은 선택이었다.

여학교에서는 국어나 영어, 수학 같은 과목을 가르쳤지만, 이에 버금가게 주력했던 과목이 있었으니 바로 재봉과 가사. 지금으로 말하면 가정과목이었다. 현모양처 교육 이른바 신부수업이 전쟁 전 여성교육의 핵심이었다.

여학교의 가사 시간에는 '갓포割烹'라고 하는 요리실습 시간이 마련되어 있었다. 1908년<sup>메이지41</sup> 이후 순차적으로 발행된 갓포 교과서에는 사시미<sup>회</sup>와 덴푸라<sup>튀김</sup> 등의 일본요리와 함께 채소 스프, 샌드위치, 카레라이스, 비프스테이크, 스튜, 생선가스, 오믈렛, 샐러드, 아이스크림, 카스타드 푸딩과 같은 서양풍 요리와 양과자 만드는 법이 실렸다. 여기서 배운 하이칼라 요리법을 각 가정의 식모를 비롯한 여러 사람들에게 전파시켰고, 도시에서 농촌으로 퍼져나갔다. 여학교 출신 젊은 여성들과 가정주부들이 전쟁 전 일본 요리를 이끌어 갔다고 해도 좋을 것이다.

### 여성지는 일본이 자랑하는 근대문화

여학교에 진학하는 이들은 극히 소수로 열에 하나 정도였다. 여학교에서 교육하는 지식을 일반인에게 유포하고 주부들의 계몽에 앞장선 것은 여성지였다.

여성지는 일본이 자랑하는 문화 중 하나였다. 메이지 말에 150여종 넘게 출판되었고, 다이쇼기에 접어들어서는 『주부의 벗主婦の友』, 『부인공론婦人公論』 등 200여 개가 새롭게 창간되었다. 1931년을 예로 들면 『주부의 벗』이 60만 부, 『부인구락부婦人俱楽部』가 55만 부를 돌파했다. 이만큼 많이 팔린 잡지는 지금도 흔치 않다.

가사와 가계, 육아, 교육, 패션, 미용에 관한 정보에 이르기까지, 여성지가 담당한 기사의 범위는 가정생활 전 영역에 이른다. 당연하겠지만 그 안에 음식에 관한 것도 중요한 테마였다. 이름이 알려진 요리사나 요리학원 강사들이 집필을 담당했다. '명사 부인'이라고 불리던 대신<sup>大臣</sup> 부인, 대의원 부인, 군인 부인 등이 등장하는 '명사 가정의 부엌 방문'이라는 제목을 단 기사들도 자주 보인다.

그런데 이들 레시피는 그림 속의 떡. 지금도 그렇지만 잡지에 실린 요리를 직접 만들어 먹거나 하는 경우는 많지 않을 것이다. '언제 한 번 만들어 봐야지'라고 생각만 하면서 페이지를 넘기는 경우가 대부분일터.

여성지 속 레시피의 역할은 단순한 요리법을 전수하기 위함이 아니었다. 전쟁 상황에 맞게 기존 가정식 요리를 획기적으로 바꿀 아이디어가 요청되었다. 전시에 등장한 듣도 보도 못한 여러 음식 또한 이 여성지 없이는 탄생하지 못했을 것이다.

## 잡지가 확산시킨 영양학 지식

음식의 근대화 혹은 여성지가 전파한 먹거리에 관한 개념은 두 가지로 요약할 수 있다.

하나는, 음식에 대한 과학적 지식이다. 요컨대 영양과 칼로리 문제.

일본인의 주식은 쌀이다. 보리와 잡곡을 섞은 밥이라도 중심은 어디까지나 쌀이다. 주식이 쌀이라는 말은 '오로지 쌀만' 먹었다는 것, 서민은 '요리' 같은 건 먹지 않았다는 의미. 국 하나에 반찬 하나면 진수성찬에 속했다. 반찬이라고 해도 약간의 채소 조림, 장아찌, 된장국 정도. 그 유명한 미야자와 겐지宮沢賢治의 시 「비에도 지지 않고雨ニモ負ケズ」에 "하루에 현미 4합슴과 된장국과 약간의 채소를 먹었다"라는 구절이 등장하는데, 실제로 아주 부자가 아닌 이상 일본인의 평균적인 식사는 그 정도였던 것이다.

이대로는 안 된다며 일본인의 체격 향상을 위해 다이쇼 정부는 서양식 영양학 도입을 추진하는 동시에 과학자들을 앞세워 식생활개선운동이라는 것을 실천한다. '오로지 쌀만' 먹는 식습관에 서서히 변화가 일었다.

건강을 유지하기 위해서는 탄수화물, 단백질, 지방으로 대표되는 3대영양소가 필요하다는 것. 건강하게 활동하기 위해서는 필수 칼로리가 필요하다는 것. 비타민이나 무기질이 결핍되면 병이 된다는 것. 영양소의 밸런스를 맞추기 위해서는 하루의 '식단'을 생각해야 한다는 것. 영양학의 가장 기본이라고 할 수 있는 이러한 지식이 널리 퍼지는 것은 쇼와 초기. 가정요리 메뉴가 풍요로워지는 시기와 정확히 맞물린다. 여학교와 여성지는 무턱대고 포식을 권하는 것이 아닌, 영양학을 매개로 한 요리법 연구에 힘을 쏟게 된다.

덧붙여 감이나 경험에 의존하는 대신 컵이나 숟가락 등으로 재료를 계량하는 방식을 도입한 것도 여학교와 여성지의 역할이었다.

### 가정의 맛은 어머니의 사랑?

여성지가 공들여 전파한 것 중 하나는, '어머니의 손맛은 사랑'이라는 카피문구. 이것은 거꾸로 말하면 '시중에 파는 반찬으로 끼니를 때우는 것은 주부의 게으름 탓'이 된다. 이 책을 읽고 있는 독자 가운데도 그런 생각을 가진 분들이 있을지 모른다. 그런데 그것은 어디까지나 여성지를 필두로 한 미디어가 만들어낸 환상에 불과하다.

### 점점 얇아져 가는 여성지

여기서는 당시 간행되었던 여러 여성지 가운데 주부들에게 가장 커다란 영향력을 미쳤던 『부인의 벗』, 『주부의 벗』, 『부인구락부』에 실린 레시피를 주로 살펴본다.

『부인의 벗』은 1903년[메이지36]에 창간되었다. 현재까지 간행되고 있으니 가장 역사가 깊고 오래된 잡지라고 하겠다. 합리적인 가사노동과 주부의 사회 참여까지 시대를 앞선 사상으로 알려진 '도모노카이友の会'를 조직하여 독자들 간의 연대를 도모하는 등 이른바 시민운동 성향을 갖고 있었다.

1917년[다이쇼6]에 창간된 『주부의 벗』은 한 해 전에 창간된 『부인공론』과 함께 다이쇼, 쇼와의 여성지 붐을 일으킨 일본을 대표하는 잡지 중 하나다. '주부'라는 용어도 이 잡지가 확산시켰다고 하니, 그 영향력이나 대중성은 가히 짐작이 가고도 남을 것이다.

『부인구락부』의 창간은 1920년[다이쇼9]. 『주부의 벗』 후발 잡지로 등장했는데, 요리와 수예 기사로 젊은 주부들 사이에 인기가 높았다. 1988년 폐간되기까지 『주부의 벗』이나 전후 창간된 『주부와 생활』, 『부인생활』 등과 함께 전후 4대 여성지로 명성을 떨쳤다.

이 책에서 3개 잡지를 선택한 또 하나의 이유는, 1945년 패전 당시까지 계속 간행되었고, 거기다 전후까지 살아남은 여성지는 이 3개 잡지뿐이기 때문이다. 달리 말하면, 그만큼 여성지는 전시에 휴간과 폐간으로 내몰리기 쉬웠음을 의미한다. 물자 부족은 잡지 용지 보급에도 영향을 미쳤다. 상공성商工省의 용지 통제 정책으로 처음은 잡지 페이지수를 줄였고, 다음은 잡지의 통합·정리 수순으로 이어졌다.

휴간되거나 폐간되는 것을 피해간 이들 잡지도 점차 페이지 수를 줄여갔고, 컬러로 장식한 요리사진까지 실으며 꿈으로 가득했던 지면들은 패전 무렵에는 기존의 반쯤 되는 분량으로 줄었다. 전쟁 분위기가 짙어진 모습은 표지에서도 간파할 수 있다³쪽 권두 화보 참조. 그와 동시에 요리 코너에도 점차 전쟁의 색채가 더해졌다.

# 쇼와 초기의 본격 서양요리

## 포크 에먼세이 위드 애플

돼지고기를 사과와 함께 푹 익힌 상큼한 요리. 빵을 곁들인 점심식사로 적당하다.

### 재료

돼지고기 등심 1인분 20돈匁[70g], 사과 1인분 1/2개, 양파 1/3개, 마늘 한 쪽, 버터, 소금, 후추

### 조리법

사과를 두 쪽으로 갈라 심을 제거한 후, 가로로 6mm 정도의 두께로 썰어 놓습니다. 고기는 등심을 1인분 20돈70g을 사과와 같은 크기로 썰고, 양파와 마늘도 잘게 다져놓습니다.

재료 준비가 끝나면 등심에 소금, 후추를 뿌리고 버터에 볶아 주세요. 사과도 버터로 살짝 익을 정도만 볶아냅니다. 냄비에 양파와 마늘을 넣고 버터로 색이 변하기 전까지 볶아 소금, 후추로 살짝 간을 합니다.

이렇게 모두 볶은 후, 속이 깊은 냄비에 고기, 사과, 고기, 사과를 엇갈리게 담아줍니다. 양파와 마늘을 볶은 냄비에는 고기가 잠길 만큼 스프를 넣어 잘 저어 주면서 고기와 사과가 부드러워질 때까지 약한 불에 익힙니다. 10분에서 15분 정도면 완성.

신바시 에왕 주방장新橋エーワン料理長 하야마 세자부로羽山清三郎,
『주부의 벗』1969년 11월호.

## 맛있는 호박 서양요리

호박에 고기를 채워 넣고 쪄낸 서양요리로 특히 여성과 아이들에게 인기가 좋습니다.

호박 작은 것 하나, 소고기 30돈110g, 돼지고기 20돈70g, 달걀 1개, 우유, 소금, 후추

**요리법**

호박은 수세미로 흙을 잘 털어낸 후 씻어서 준비합니다. 그리고 꼭지 부분을 3/7 정도 크기로 잘라 뚜껑으로 사용합니다. 호박 속은 숟가락으로 파내고 그 안에 소금, 후추를 뿌려 둡니다.

준비한 소고기와 돼지고기를 섞은 후 두 번 정도 기계에 넣어 갈아 주세요. 소금, 후추로 간을 한 후, 달걀을 풀어 넣고 약간의 우유를 가미하여(너무 반죽이 묽어지지 않게) 잘 젓습니다. 이것을 호박 안에 가득 채워 넣고 잘라 두었던 호박 윗부분을 뚜껑 삼아 덮고 밑에 면보나 거즈로 호박을 싸서 움직이지 않도록 윗부분을 끈으로 묶어 둡니다.

호박이 넉넉하게 들어갈 정도의 깊이가 있는 냄비에 버터를 두르고 얇게 저민 당근1/2개, 양파1/2개를 넣습니다. 또 베이컨이나 햄이 있으면 얇게 썰어 곁들입니다. 스프(닭뼈나 소, 돼지고기 힘줄로 만든 육수, 없으면 물에 미원을 넣어 만들어도 좋음)를 호박의 1/3만큼 넣고 뚜껑을 덮어 30분 정도 약불에 끓입니다.

가는 꼬챙이로 찔러서 잘 들어갈 때까지 끓이도록 합니다. 완성되면 첫째로 접시에 옮긴 후 식으면 천을 벗겨냅니다. 1인당 2쪽 씩 돌아가도록 칼집을 내어 호박 모양 그대로 접시에 세팅합니다. 작은 호박의 경우 5명 정도가 먹을 수 있습니다.


## 계절감을 가득 품은 들풀요리

산에 들에 봄내음이 물씬. 새싹도 나무도 쑥쑥 자라는 계절이 돌아왔습니다. 바야흐로 들풀의 계절입니다. 미나리, 달래, 민들레, 뱀밥 등 미각을 돋우는 들풀요리를 소개하려고 합니다.

### 질경이 깨무침

풋내가 없는 맛있는 들풀요리입니다.

**재료**5인분

질경이 두 소쿠리, 흰깨 큰술 4개, 생강 약간, 설탕, 소금, 간장, 미원

**만드는 법**

① 질경이는 잘 씻은 후 소금을 살짝 쳐서 뜨거운 물에 뚜껑을 덮지 않고 데칩니다. 찬물에 식힌 후 바로 물기를 짜냅니다.

② 깨는 풍미를 위해 빻아 준비합니다. 설탕 작은술 하나, 간장 큰술 하나와 미원 한 꼬집을 넣고 데친 질경이를 조물조물 버무려 주세요. 그릇에 옮겨 담고 잘게 채 썬 생강을 솔솔 뿌려줍니다.

## 범의귀 튀김

범의귀는 습지에 서식하는 풀로 두툼한 둥근 잎을 튀겨 먹으면 향이 일품입니다.

**재료**5인분

범의귀 어린잎 한 주먹, 달걀 1개, 밀가루, 미원, 소금, 참기름, 무즙, 간장

**만드는 법**

① 범의귀는 물에 잘 씻어 천으로 물기를 털어냅니다.

② 다음은 튀김옷을 준비합니다. 물에 푼 달걀에 밀가루 세 큰술을 섞은 후, 미원과 소금으로 간을 합니다.

③ 가열한 냄비에 참기름을 두르고 범의귀를 한 장씩 튀김옷을 입혀 빠르게 튀겨냅니다. 따뜻할 때 간장에 찍어 먹습니다.

도이갓포 연구소土井割烹研究所 도이 와카土井わか, 『부인구락부』 1939년 5월호.

# 엄마의 사랑이 듬뿍 담긴 메뉴

## 어린이를 위한 날 오히나셋쿠<sub>お雛節句</sub>：딸아이의 무병을 기원하고 축하하는 날 ──────

하나 둘 복숭아꽃이 피어나기 시작하면 기다리고 기다리던 오히나셋쿠 날. 히모센<sub>緋</sub>
<sub>毛氈</sub>：히나단 밑에 까는 빨간색 천 히나단<sub>雛壇</sub>：인형을 장식한 단 을 꾸미고, 가족들과 귀여운 꼬마친구들
을 초대해 보면 어떨까요?
거창하게 차리기 보다 평소 아이가 좋아하는 것을 보기 좋게 담아내면 됩니다. 몇 가지
요리와 작은 수고로움으로 추억에 남을 상을 마련해 주세요.

### 식단

유채꽃 밥, 대합 맑은 장국, 일곱 종류 모둠, 마름모꼴 어묵, 일본식 떡갈비,
벚꽃 양갱, 병어구이, 금귤조림, 량반산쓰, 인형새우, 식후 디저트 복숭아꽃 블
랑망즈

### 유채꽃 밥<sub>5인분</sub>

잘게 썬 유채에 달걀 풀어 놓은 것을 섞는다. 모모노셋쿠<sub>桃の節句</sub>：일본의 5대 명절 중 하나
로 삼월 삼짇날에 어울리는 아이들 취향의 밥으로, 백미 6합<sub>1,080cc</sub>에 물 6합<sub>1,080cc</sub>, 술 1
합<sub>180cc</sub>, 소금 티스푼 3개 분량.
잘 푼 달걀에 소금과 설탕으로 살짝 간을 하고, 불에 올린 후 5, 6개의 젓가락
으로 쉬지 않고 풀어가며 섞어 줍니다. 유채는 아주 살짝 파랗게 데친 후 찬물
에 빠르게 헹궈냅니다. 잎 부분만 잘게 다져 소금과 미원을 살짝 뿌린 후 물기
만 없애는 느낌으로 휘리릭 볶아줍니다. 갓 지은 밥에 달걀과 유채를 가볍게
섞어서 파란빛이 예쁘게 돌 때 먹습니다.

**인형새우**

사이마키라고 불리는 참새우 작은 것을 1인당 1개씩 돌아가도록 준비합니다. 새우 등을 따고 등이 굽지 않도록 배 부위에 작은 꼬치를 찔러 소금을 뿌린 후 붉은 빛이 돌 때까지 기다렸다가 찬물에 잘 헹궈 머리를 떼어내고 껍질을 벗깁니다. 소금과 설탕을 넣어 졸인 국물에 잠시 담가두었다가 두 개로 갈라 홍백 실로 묶어서 접시에 담아냅니다. 머리 부분에 새우 눈알이나 작은 콩알을 박아 넣으면 귀여운 인형 모양으로 완성됩니다.

칼피스나 따듯한 밀감차 등을 곁들입니다. 디저트로 가볍게 블랑망주에 과일을 내어도 좋습니다. 준비가 끝났으면 어머니도 아이들과 함께 동심의 세계로.

와타리 나미코<sup>亘里浪子</sup>, 『주부의 벗』 1939년 3월호.

『부인의 벗』 1939년 8월호 표지.
매년 꽃 그림이 표지를 장식했다.
이번 호는 연꽃.

『주부의 벗』 1939년 5월호 표지. 얼마 후, '일하는 여성'의 이미지가 빈번히 등장하기 시작한다.

『부인구락부』 1941년 7월호 표지. 전쟁 초기에는 아들과 엄마를 모델로 한 표지가 자주 등장한다.

제2장

## 총력전은 절미부터
### 중일전쟁 레시피

중일전쟁이 시작되면서 센닌바리가 유행.
긴자에서도 이러한 광경이 자주 목격되었다.

# 요리에도 대동아공영권 그림자

## 전쟁 초기는 으쌰으쌰하는 분위기

전쟁이 언제부터 시작되었는지 특정하기란 쉽지 않다. 이른바 '15년 전쟁'은 관동군<sup>중국에 주둔한 일본육군</sup>이 만주철도를 폭파하여 군사행동을 개시한 1931년 유조호사건<sup>만주사변</sup>에서부터 1945년 패전까지의 시기를 가리킨다. 그러나 만주사변 무렵은 물가가 급등하는 등 어려워진 생활을 체감하긴 했어도 전쟁 중이라는 사실을 피부로 느끼지는 못했다.

사람들이 전쟁을 체감하게 되는 것은 1937년 7월 7일 노구교사건<sup>북경 교외에 자리한 노구교에서 중일 양군이 충돌한 사건</sup>을 계기로 발발한 중일전쟁부터다. 바야흐로 '전쟁의 시대'가 열리게 된 것이다. 그런데 본격적인 전쟁으로 돌입하기 전 아직은 이벤트 분위기. 10월의 상하이전투에서의 승리와 12월의 남경 함락이 보도되자 축하 분위기로 나라 전체가 들썩였다.

이 해에 유행한 것이 '센닌바리<sup>千人針</sup>'다. 1,000개의 모양이 새겨진 천에 한 사람이 한 땀씩 실을 꿰어 완성한다. 이것을 허리에 차고 출정하면 적의 탄환도 피해 간다고 믿었다. 무사귀환을 빌며 한 땀씩 수놓은 천을 들고 출정병사들에게 건네려는 인파로 거리는 그야말로 인산인해를 이루었다.

여성지에도 전쟁 분위기를 북돋는 기사들이 속속 게재되었다. 아래의 시는 「총후 여성군 시화 행진<sup>銃後女性軍詩画行進</sup>」이라는 제목의 그라비어 페이지에 실린 것이다. 전쟁이 격화되기를 바라고 있는 것처럼 보인다. 전쟁은 저 멀리 떨어진 중국에서의 일이고, 일본은 승전보를 올리는 중이었으니, 가족 중에 전사자가 나오지 않은 이상 대부분 으쌰으쌰하는 분위기였다.

요즘으로 치면 올림픽이나 월드컵을 응원하듯 말이다. 예컨대, 일본군이 남경을 점령한 1937년 12월 13일 이튿날에는 각지에서 제등 행렬이 펼쳐졌다. 전쟁에 환호하는 이 같은 분위기는 국가 대항 경기에서 일본팀이 우승했을 때 "닛폰, 닛폰" 하고 환호하는 모습을 방불케 한다. 매우 닮아있다. 아니, 국가를 위해 목숨을 걸고 진검승부를 벌여야 했기에 전쟁의 응원열기는 훨씬 더했을 터. 그렇기 때문에 전쟁의 광기는 무서운 것이다.

### 철모 메쉬鉄兜マッシュ에 군함 샐러드!

앞서 소개한 '모모노셋쿠'에 이어 전의를 고양하기 위한 또 하나의 요리를 소개해보자. 어린이를 위한 단오 상차림이다. '철모 메쉬'와 '군함 샐러드', '비행기 민스볼'과 같이 용맹을 상징하는 요리명과 함께 전쟁을 상품화한 물건들이 등장했다6쪽 권두 화보 참조. "뻗어가는 일본! 대동아건설의 차세대를 짊어질 어린이들을 위하여"라는 설명이 붙어 있다.

본래 '대동아'란 동아시아와 동남아시아 일대를 가리키는 말이었는데, 전시에 '대동아 공영권'이라는 용어로 탈바꿈했다. 구주 세력을 배제하고 일본을 리더로 하여 중국, 만주, 동남아시아 여러 지역이 하나가 되어 공존공영을 도모한다는 그럴싸한 의미를 담아서 말이다. '흥아 찹쌀떡興亜ちまき'이라는 이름의 메뉴도 등장하는데, 이때의 '흥아' 역시 '아시아의 진흥을 도모한다'는 의미이다. '대동아공영권'이

나 '흥아'나 일본이 아시아를 침략하기 위해 고안해 낸 '변명'에 다름 아니다. 일본인이 아닌 다른 나라 사람들의 시선에서 보면 독선적이고 말도 안 되는 이야기일 터다. 그런데도 당시 일본인들은 그런 생각은 전혀 하지 못한 채 아무렇지 않게 "대동아 건설의 차세대를 짊어질 어린이들"이라는 말을 입에 올렸다.

토끼 모양으로 깎은 사과, 문어 모양의 비엔나소시지 등으로 아기자기하게 모양을 냈는데, 이 또한 어머니의 애정이 깃든 것으로 여성지 요리기사에 자주 등장했다. "반드시 승리하고 돌아오리라. 용감하게……"〈로에이의 노래(露營の歌)〉, 고세키 유지(古関裕而) 작곡・야부우치 기이치로(薮内喜一郎) 작사 라는 가사의 군가가 유행하고, 전차와 기관총 장난감이 팔려나가고, 군기軍旗와 히노마루日の丸가 큰 인기를 끌었으며, 『소년구락부少年倶楽部』와 같은 소년잡지도 온통 전쟁으로 물들었던 시대. 요즘 아이들이 애니메이션 주인공을 동경하듯 당시 아이들은 군인을 동경했다. 군함 샐러드에 환호하는 아이들의 모습을 떠올리며 열심히 요리했을 어머니들.

그런데 이처럼 군국주의 색채를 가미하여 모양을 낸 요리들이 여성지를 장식하는 것은 그리 흔한 일은 아니었다. 군국주의 열기가 고조되었다고 한들 생활은 생활. 주부들에게 그럴만한 시간적 여유가 없었던 것이다.

### 이것도 일본의 향토 요리?

이왕 대동아공영권 이야기가 나왔으니 동시대 분위기를 자아내는 또 하나의 요리를 소개해 보도록 하자.

만주滿洲요리가 그것이다. 만주는 지금의 중국 동북 지방을 가리킨다. 유조호사건만주사변 발발 이듬해, 관동군은 만주의 주요 지역을 점령한 후, 이미 퇴각해 있던 중국청나라 황실을 불러들여 '만주국'이라는 나라를 만들고 일본의 식민지로 삼는다. 그리고 만주로의 농업이민을 대대적으로 장려한다. '만몽개척단'이라고 불리는 이민자들만 30만 명, 일본인들 숫자만 78만 명에 이른다. 개중에는 신부모집으로 대륙을 건너온 여성들도 있었다이른바, 중국잔류고아, 잔류부인이라고 불리는 이들.

이렇게 해서 여성지의 독자들도 대륙까지 확산되었고, 요리 코너에 '만주요리'가 소개되기도 했다. 훠궈라든가 만두, 춘병 등이 그것이다. 중화요리당시는 지나요리라고 불렸다는 일본에도 잘 알려져 있었지만, 동북 지방 요리는 아직 대중적이지 않았던 모양이다. 만주는 일본보다 훨씬 빈곤했기 때문에 이 같은 고급요리를 먹을 수 있는 사람은 극히 일부였다.

주목하고 싶은 것은 이것이 「우리 지방이 자랑하는 요리」라는 제목으로 실렸다는 점이다. 당시 일본의 식민지였던 조선과 함께 '조선·만주 편'이라고 매우 자연스럽게 부르고 있는 점도 특기할 만하다. 일본인 독자가 다수 거주하고 있었던 데에서 오는 친근감 탓이었을까? 아니면, '조선·만주는 일본 영토의 일부'라는 점을 강조하고 싶었던 것일까? 바야흐로 일본 전역에 '흥아' 시대의 수상쩍은 분위기가 감돌기 시작한다.

## 용감하고 씩씩한 시대

**여자군사교련**사이조 야소(西条八十)
군국의 바람 씩씩하게
불어라 불어, 야마토 여자를,
가련한 눈동자, 검은 머리카락,
그들에게도 총을 짊어지게 하리.
교련이 있는 날 아침, 아주 맑게 개어,
젊은 배속配属 장교의
호령하는 목소리 쾌활하게
저 멀리 미소 짓는 하늘의 후지富士
제도帝都에 적기가 습격해 오는
그 새벽을 생각하면,
총후의 꽃이라는,
여자도 호국의 병사다.
희고 가냘픈 손에, 프랑스의
위기를 구하는 잔 다르크,
그 그림자를 꿈꾸며,
의기양양하게, 그들이 간다.
모충우충毛虫羽虫, 그 무엇이든
대오 당당하게 짓밟고
그들이 나아간다, 하나, 둘, 셋!

『주부의 벗』 1937년 9월호.

여학생들의 목도 연습 풍경1938년

## 흥아 시대의 전의 고양 요리

### 단오 오셋쿠 요리법

뻗어가는 일본! 대동아건설의 차세대를 짊어질 아이들을 위해 보기에도 귀엽고 씩씩한 식단을 마련했습니다. 계절 요리는 어디서든 손쉽게 구할 수 있는 값싼 것을 사용합니다. 조리법도 간단하니 부디 어머니 손맛을 통해 앞날을 빌어주세요.

#### 식단
국

야구루마신조矢車しんじょ : 새우, 게, 흰살 생선 등을 잘게 다져 달걀흰자를 넣어 동글동글하게 빚은 후, 튀기거나 쪄서 국 고명으로 얹어 먹는 것.

삼색 후키나가시三色吹流し : 후키나가시는 단오절에 장대 끝에 매다는 잉어 모양의 연을 가리킴. 화려한 삼색 고명을 얹은 국.

**야키모노가와리**焼き物代わり : 여러 종류의 구이나 튀김을 한 접시에 담은 것

**생선튀김**魚の鐘馗揚 : 쇼키(鐘馗)라는 귀신을 퇴치하는 용맹한 신의 이미지를 도입한 요리, 살깃 모양 연근 요리, 완두콩 요리

**구치가와리**口代り : 술안주 요리를 한 접시에 담아낸 것

철모 메쉬, 군함 샐러드, 비행기 민스볼

### 식후

국화맛 젤리, 홍아 찹쌀떡興亜ちまき : 띠나 조릿대 잎에 싸서 찐 찹쌀떡

### 디저트

약진하는 일본의 육해군과 하늘의 용사를 표현한 것으로, 남자 아이들이 좋아할 만한 요리입니다.

### 철모 메쉬

감자나 고구마 모두 좋습니다. 삶아서 으깨어 당근과 양파 다진 것을 볶아 소금간을 한 후 3.5~4cm 정도의 둥근 철모 모양으로 만들어 앞쪽에 별모양으로 자른 당근을 붙입니다. 기호에 따라 계피가루를 뿌리면 풍미가 한층 깊어집니다.

### 군함 샐러드

사과를 1인당 1/2쪽 분량으로 배 모양으로 속을 판 후 소금물에 살짝 담가 둡니다. 파 놓은 사과는 안에 채워 넣도록 적당한 크기로 잘라 둡니다. 당근, 바나나, 완두콩 등을 마요네즈 혹은 단식초로 버무려 배 모양으로 만들어 놓은 사과에 속을 채워 넣습니다.

### 비행기 민스볼

다진 고기 50돈180g에 양파와 당근을 갈아 물기를 짜낸 후, 으깬 감자, 다진 고기를 반반씩 섞어 놓습니다. 물에 불린 빵가루, 혹은 달걀을 섞어 소금으로 간을

합니다. 이것을 다섯 개로 나눠, 1cm 두께로
위쪽을 둥글게, 아래를 평평하게 해서 하늘
모양을 표현해 줍니다.

밀가루를 묻힌 다음 프라이팬에 버터와 식용
유를 반반 섞은 후 뚜껑을 덮어 푹 쪄줍니다.
한소끔 식힌 다음 표면에 화이트 소스를 바
른 후 굳으면, 꼬투리째 먹는 완두를 가늘게
썰어 삼기편대三機編隊로 장식합니다. 샐러드
에는 귀여운 군함기를 세우고 채 썬 양배추
로 파도 느낌이 나도록 표현합니다. 철모와
비행기는 사진처럼 담아주세요.

세키 류이치関龍一씨 부인 세키 미사코関操子,
『주부의 벗』 1941년 5월호.

철모와 군함 모양의 삽화

## 우리 지방이 자랑하는 요리

### 조선·만주 편

이번 호에서는 극한의 땅, 조선과 만주의 요리를 소개합니다. 그 지역 독자들
이 보내준 최근의 조선요리와 만주요리로 종래의 것과 차별화된 맛입니다. 내
지内地:일본 분들도 필시 만족스럽게 드실 수 있을 겁니다.

### 훠궈

훠궈는 내지에서 즐겨 먹는 전골요리의 일종입니다. 매서운 추위의 만주의 겨
울, 따뜻한 페치카 앞에 둘러앉아 먹는 저녁식사. 훠궈는 맛이 으뜸인 요리입
니다.

**재료**5인분

녹두 당면 한 다발, 배추 1/2포기, 표고버섯 3개, 돼지고기 또는 토끼고기 50돈 180g, 지쿠와 어묵 1개, 오징어 1마리 혹은 정어리 5마리, 당근 1개, 파 3개, 죽순 약간

**만드는법**

① 배추는 씻어서 잘게 썰고, 녹두 당면은 삶아서 3cm 크기로 자릅니다. 오징어는 먹기 좋게 자르고, 정어리는 머리와 내장을 제거하고 세 등분 정도로 준비합니다. 표고버섯, 당근, 파, 죽순, 지쿠와 어묵, 돼지고기 등도 먹기 좋은 크기로 적당하게 썰어 놓습니다.

② 냄비에 뜨거운 물(스프가 있으면 더욱 좋음)을 가득 담아 한소끔 끓인 후 표고버섯, 당근, 죽순을 차례로 넣습니다. 반쯤 익었을 때 남은 재료를 넣고 소금으로 간을 합니다. 불을 줄이고 끓는 상태로 숟가락을 사용해 먹습니다.

재료는 정해진 것이 아니니 손에 넣기 쉬운 것을 사용하세요.

요시무라 아키코吉村昭子, 『부인구락부』 1940년 2월호.

# 절미요리까지 고안해야 했던 시대

## 백미여, 안녕

전쟁 초기는 이벤트 감각이었다면, 중일전쟁 이후부터는 일반 국민들의 삶에도 전쟁의 그림자가 찾아든다.

'전선'에서 맞붙는 병사들과 달리 직접 전투에 가담하지 않는 일반 국민들은 '총후銃後'라고 불렀다. 중일전쟁이 장기화됨에 따라 군사 예산은 점점 늘어났고, 전선에 동원된 병사들만이 아니라 총후에서도 일치단결하여 싸우지 않으면 안 되었다. 이른바 '총력전' 시대가 도래한 것이다.

1938년에는 '국가총동원법'이 제정되어 통제경제생산과 유통 가격 등, 모든 경제활동에 국가가 개입하는 것가 시작되었다. 1940년에는 사치품 제조와 판매를 제한하는 법률시행된 일자를 빌어 '7·7금령'이라고 불렀다이 제정되고, 국민에게 인내를 강제하는 '국민정신총동원운동'이 발포되기에 이르렀다.

식생활 면에서 국민들에게 가장 먼저 요구한 것은 '절미'였다. 쌀을 아껴먹자는 취지의, 이른바 '절미운동'은 1940년 국민정신총동원운동의 일환으로 추진되었다. 일주일에 한 번 '절미데이'로 정하고 이를 장려했으며, 여성지에도 절미의 중요성을 강조하는 기사가 급증했다.

백미는 아예 손에 넣을 수 없게 되었다. 1939년에 백미 금지령이 발포되고, 7분도종피와 배아의 7할을 도정하는 것 이상의 쌀은 판매가 금지되었다. 그런데 쌀이 아직 자유롭게 유통되던 시기에는 아무리 입이 닳도록 말해도 좀처럼 절미운동이 성과를 거두지 못했다. 이에 정부는 국민들 자율에 맡기는 것을 포기하고 다른 방법<sup>배급통장제도</sup>으로 전환했는데 그 이야기는 조금 후에 하도록 하고 여기서는 절미의 구체적인 사례를 들어보도록 하자.

절미를 위한 방법은 크게 세 가지. 첫째 증량법, 둘째 대용식, 셋째 식단법이 그것이다. 여성지에서는 이 셋을 통틀어 '절미요리'라고 불렀다. 그럼 하나하나 들여다보자.

### 절미요리 ① 증량법

밥에 다른 재료를 섞어 쌀의 양을 줄이는 방법. 이른바 '마제고항<sup>混ぜ御飯 : 따뜻한 밥에 양념한 고기,야채, 유부 등의 재료를 섞어 넣은 요리</sup>', '다키코미고항<sup>炊き込み御飯 : 고기, 생선, 채소 등의 재료를 쌀과 함께 지은 밥</sup>'으로, 혼합주식이라는 이름으로 통용되었다. 물의 양을 넉넉히 잡아 죽으로 만들어 먹는 것도 증량법 중 하나.

죽순을 넣은 죽순밥이나 밤을 넣은 밤밥 등 계절감이나 맛을 즐기기 위한 것과 달리, 전시기에는 오로지 쌀의 양을 줄이는 데 목적을 두었다.

밥에 섞는 재료는 맛보다는 영양이나 칼로리를 먼저 생각했다. 부재료<sup>어디까지나 증량을 위한 재료</sup>로 자주 사용된 것은 고구마, 감자, 토란 종류와 대두, 소두, 비지 등 콩류. 그리고 옥수수와 납작보리 등 쌀 이외의 곡물류. 부재료<sup>증량을 위한 재료</sup>도 상당히 많은 편이었다. 밥과 부재료 비율이 2 : 1, 때에 따라서는 같은 분량으로 요리하기도 했다. 요즘의 마제고항 레시피는 보통 쌀과 부재료의 비율이 5 : 1이나 4 : 1 정도다.

죽의 일종인 오카유<sup>おかゆ</sup>나 조스이<sup>雑炊</sup>도 장려되었는데, 당시는 마

제고항이나 이타메고항붂음밥 쪽이 많았다. 그 이유로는 1940년 봄부터 외래미를 6할 섞은 쌀이 판매되었기 때문이다. 이것은 제1차 대전 후 불황으로 쌀 가격이 비정상적으로 급등했던 1918년 이래 22년 만의 일이었다. '외래미'라는 것은 인도나 타이 등에서 수입한 인디카 쌀을 일컬으며 당시에는 '남경미南京米'라고 불렸다. 푸석푸석해서 맛이 없긴 하지만 마제고항을 만들거나 기름을 둘러 밥을 지으면 먹을 만했다고 한다.

그런데 생각해 보면, 쌀에 채소와 감자를 섞어서 지은 '가테메시かて飯:잡곡밥'는 가난한 농촌에서는 흔한 식단이었다. 그것을 굳이 '절미요리'라고 부르며 호들갑을 떠는 모습은 농촌 주민들의 입장에서 보면 우습기 짝이 없었을 터다.

### 절미요리 ② 대용식

밥이 아닌 빵이나 면을 주식으로 삼을 것. 세 끼 식사 가운데 한 번을 다른 것으로 대용하면 그만큼 쌀 소비량이 줄 것이라는 발상인 듯하다. 밀가루 등으로 만든 스이통すいとん:수제비이나 떡처럼 말이다.

참고로 '대용식'이라는 말은 오로지 '쌀을 대신하는 대용품'의 의미로 사용되었다. 그 이외의 식품들은 '대용식'이 아닌 '대용식품'이라는 이름으로 불렸다. 일본에서 '식'이라 함은 곧 '쌀'이었던 것이다.

전시 대용식이라고 하면 수제비를 떠올리는 사람이 많을 텐데, 그것은 좀더 나중의 일이었다. 여성지가 제안하는 초기 대용식은 빵, 찐빵, 핫케이크, 오코노미야키, 고기만두, 완탕 등 그 종류도 다양했다. 스파게티 식으로 만든 우동, 미트파이에서 뇨키, 펠메니에 이르기까지 고급 '대용식'이 등장한다. 이렇게 되자 오히려 '취미의 대용식'이 되어 버렸다. 앞서 소개한 면덮밥4쪽권두화보참조도 우동과 밥을 함께 내었다.

이렇듯 "쌀이 없으면 빵면을 먹자"라는 식의 발상은 "빵이 없으면 과자를 먹자"라는 어느 대사를 떠올린다. 아무리 쌀이 부족하다고 하더라도 당시 가장 싼 주식은 그래도 쌀이었기 때문이다. 가장 싼 대용식은 고구마 정도. 당시의 가계부를 들여다보면 밀가루로 만든 빵이나 면 등 대용식이 싼 것은 결코 아니었다. 가정에서는 밀가루 반죽을 만들어 빵을 구워 먹는 것보다 쌀로 밥을 짓는 것이 연료도 적게 들었을 것이다. 자율에 맡겼던 절미운동이 별 효과를 보지 못했던 것은 경제적인 이유도 컸다.

그런 이유로 쌀을 대용식으로 바꾸는 일은 생각처럼 쉽지 않았다. 그래서 고안해 낸 것이 다음과 같은 절미법이다.

### 절미요리 ③ 식단법

고구마, 호박, 곡류 등 포만감을 주는 식단으로 바꾸는 방법. 반찬만으로 포만감을 느끼게 되면 그만큼 주식인 쌀의 소비량이 줄어들 것이라는 논리다.

전시 레시피에는 가끔 뜬금없는 내용도 보인다. 절미요리가 대표적인데, 대용식을 그토록 열심히 권장하면서 고구마나 감자, 호박이야 그렇다 치더라도 절미요리라는 이름으로 우동, 소바, 때로는 쌀을 부식으로 활용하자고 제안한다. 이것이야말로 본말이 전도된 게 아닌가? 우동과 소바 정도는 고안이고 뭐고 필요 없이 그대로 먹어도 될 텐데 말이다. 하물며 쌀은 더더욱 그렇다. 이어서 소개할 '호두 비프' 등의 레시피는 절미요리라기보다 서양식 정진精進요리에 가깝다.

그런데 잘 생각해 보면 이 또한 절미를 위한 눈물겨운 노력이었다. 주식을 모두 빵이나 우동으로 대체하게 되면 그 비용도 만만치 않다. 그리하여 반찬에 변화를 주고, 주식은 가능하면 밥 한 공기, 식빵 한 장을 권장했다. 메뉴의 변화가 절실했던 여성지다운 발상이라고 할까. 참고로 당시 마카로니는 있었지만 스파게티는 보급되지 않았다. 우동을 이용한 서양식 요리에서 파스타 감각을 엿볼 수 있다.

전시 여성지에 가장 빈번하게 등장하는 용어는 '절미'였다. 매 호에서 절미, 절미, 절미를 외쳤다. 다만, 1941년 무렵까지는 절미에 대한 절실함이 컸던 것 같지 않다. 체감에서 나온 고육지책이라기보다 절미를 해야 한다는 이념이 앞선 느낌이랄까. 말하자면 이 무렵은 아직 돈과 시간과 품을 들여 '맛있는 절미요리', '취향을 살린 절미요리'를 생각할 만큼 여유가 있었던 것이다.

## 절미를 호소하다

### 매일 2할의 절미를

흥아의 성업에 협력하는 자세를 가집시다. 식재료 문제를 해결하기 위해 대대적으로 절미를 실행에 옮깁시다. 각 가정에서 매일 2할을 아껴 다른 것으로 보충하면 금년 일본의 쌀은 남아돌 것입니다.

『부인구락부』 1940년 2월호.

### 주부의 자각만이 살길

보릿고개를 앞두고 절미를 한층 강화하지 않으면 안 되게 되었습니다. 작년 여름부터 절미라는 단어가 자주 언급되고 있지만 이를 실행에 옮기는 이들은 의외로 적고, 또 실행에 옮기는 경우도 그 방법이 합리적이지 않다는 걸 알게 되었습니다. 이에 제대로 된 절미법이 절실하다는 것을 통감하고 있습니다.

"외래미를 먹는 것은 금을 먹는 것이다"라는 말도 있듯이, 우리 집의 절미가 나라의 경제와 직접적인 관계가 있음을 모든 주부들이 깊이 느껴야 할 것입니다.

『부인구락부』 1940년 8월호.

### 하루에 한 끼는 쌀 없이

대용식은 경제적이지 않고 손이 많이 갑니다. 재료가 없다는 목소리도 들리는데, 지금은 개개인의 불만을 이야기 할 때가 아니라, 국가가 선제적으로 나서서 대용식을 도입하도록 요청해야 합니다. 적어도 하루에 한 끼는 쌀 없이 지내자는 마음가짐이 필요한 때입니다.

『주부의 벗』 1940년 10월호.

# 절미요리 ①

## 절미 비빔밥

채소는 양배추에 감자, 당근, 연근, 우엉, 표고버섯, 양파, 실곤약, 유부 등을 밥과 동일한 분량으로 준비하여 전부 잘게 썰어 버터를 두르고 살짝 볶아낸 후 소금을 칩니다. 이때 나오는 국물은 버리지 말고 함께 씻어 놓은 쌀에 넣어(물은 자작하게) 소금과 미림혹은설탕과 간장을 아주 살짝만 넣어 심심하게 밥을 짓습니다. 나무밥통에 옮겨 담을 때 푸르대콩을 밥 위에 얹습니다.

1인분씩 그릇에 담아 김가루를 뿌려 먹으면 채소 특유의 풋내도 나지 않고 맛있게 드실 수 있습니다. 여기에 두부를 넣은 맑은 장국을 곁들이면 손님상으로도 손색이 없습니다.

다카노 하루高野ハル, 『주부의 벗』 1941년 6월호.

## 감자 볶음밥

햇감자 큰 것을 3개 정도 잘 씻어서 1cm 정도로 깍둑썰기로, 당근도 같은 모양으로 썰어 함께 삶아 놓습니다.

프라이팬에 식용유를 두르고 잘게 다진 양파와 감자, 당근을 넣고 새우나 잔멸치와 함께 잘 볶은 후, 소금과 간장으로 간을 맞춥니다. 밥 다섯 공기를 넣고 들러붙지 않도록 주의하면서 볶습니다. 여기에 스프나 맑은 장국을 곁들이면 훌륭한 상차림이 됩니다.

스가 쓰루코須賀つる子, 『주부의 벗』 1941년 6월호.

# 절미요리 ②

## 채소빵

집에 있는 채소를 넣어 경제적으로 찐 빵입니다.

채소는 당근, 꼬투리 채 먹는 강낭콩, 무청 등 자투리 채소를 잘게 다져 놓고, 고구마,

호박은 1.5cm로 깍둑썰기합니다. 작은 감자 한 개를 강판에 갈아 티스푼 하나 분량의 버터<sup>마가린도 좋음</sup>를 잘게 다진 채소와 함께 섞습니다.

거기에 밀가루 한 컵과 베이킹파우더 한 큰술, 컵 8부 정도의 물을 넣어 질게 반죽합니다. 도시락 통 안쪽에 버터를 얇게 펴 바르고 재료를 넣은 후, 윗쪽에 고구마와 호박을 썰어 올린 후 15분간 찝니다.

시모조 히로시<sup>下條博</sup> 씨 부인 시모조 기요코<sup>下條淸子</sup>, 『주부의 벗』 1940년 9월호.

## 면 덮밥<sup>4쪽 권두 화보 참조</sup>

### 재료<sup>1인분</sup>

삶은 우동 2개, 정어리 1마리, 파 1/2개, 소금, 후추, 버터나 튀김용 기름

### 만드는 법

① 데친 우동을 3cm 정도로 썰어 놓습니다.

② 정어리 머리와 내장을 제거하고 1cm 정도로 토막을 내고, 파는 잘게 썰어 둡니다.

③ 버터를 넉넉히 두른 후, ②의 재료를 넣고 소금 작은술 하나, 후추 약간을 넣고 2분 정도 볶습니다. 거기에 ①의 재료를 넣고 큰술 하나 분량의 간장을 넣어 다시 3분 정도 볶은 후 덮밥용 그릇에 담아냅니다.

일본가정요리연구회<sup>日本家庭料理硏究会</sup> 고바야시 간<sup>小林完</sup>,
『부인구락부』 1941년 4월호.

### 주식 식품 가격<sup>1kg당</sup>

마카로니<sup>1엔</sup> / 콩가루<sup>80전</sup> / 옥수수 전분<sup>56전</sup> / 납작우동<sup>50전</sup> / 메밀가루<sup>50전</sup> / 밀가루 <sup>40전</sup> / 콩<sup>30~40전</sup> / 쌀<sup>31전</sup> / 감자<sup>8전</sup>

『주부의 벗』 1940년 6월호.

## 절미요리 ③ 메뉴

### 우동과 베이컨 고로케 ────────────────

우동에 베이컨과 자투리 채소들을 넣고 둥글게 고로케 모양으로 튀겨낸 것으로, 반찬이나 식사 대용으로 좋습니다.

우동 5인분을 살짝 데친 후 잘게 썬 베이컨과 함께 볶아 소금, 후추로 간을 합니다. 밀가루 큰술 3개를 우유나 물 5작$^{90cc}$에 녹인 후 버터 큰술 하나와 푸르대콩, 강낭콩 등의 채소를 잘게 썰어 넣고 둥글게 빚어 밀가루와 우유$^{달걀도 좋음}$, 빵가루를 묻혀 노릇하게 튀겨냅니다.

베이컨 대신 먹다 남은 생선구이나 조갯살 등을 넣으면 더욱 경제적이겠죠.

오카 요네코$^{岡크ネ子}$, 『주부의 벗』 1941년 6월호.

### 호두 비프 ─────────────────────

살코기를 사용하지 않고도 고기 맛을 내는 재미있는 요리입니다. 호두는 식물성 식품 중에서도 지방이나 단백질이 뛰어나며 영양가도 풍부하다고 합니다. 일본에서도 생산량을 늘려 더 많은 사람들이 먹을 수 있도록 권장해야 하겠습니다.

#### 재료

호두$^{껍질째}$ 180g, 양파 1개, 달걀 2개, 밥 4컵, 버터$^{혹은 샐러드 오일}$, 소금 작은술 3개

#### 만드는 법

호두를 잘게 빻아놓습니다. 양파 반개를 잘게 썰어 볶은 후 후추, 양파, 달걀, 소금을 넣어 잘 섞어 놓습니다. 동그랗게 모양을 잡은 후 양면을 버터로 구워줍니다.

남은 양파를 링 모양으로 썰어 소금으로 간을 하고 버터로 볶은 후 물을 넣고 뚜껑을 덮어 열을 가합니다. 호두밥 위에 얹어 접시에 담아냅니다.

핀란드 출신 밍키넹$^{ミンキネン}$, 『부인의 벗』 1940년 10월호.

# 관민官民 하나 되어 절미운동

## 흥아봉공일을 기념하는 '흥아빵'

절미요리에 고심했던 것은 여성지만이 아니었다. 식량관리자나
영양지도자들도 쌀 대신 빵을 권장했다. '흥아빵', '흥아건국빵'이라
고 불리던 빵 제조법이 여러 미디어를 통해 전파되었다.

> 잡곡일 경우 그냥 드시기보다 가루로 빻아 빵을 만들어 드시면 맛도 좋
> 고 소화도 잘 됩니다. 양우회糧友会에서는 이번 절미와 국민의 영양합리화
> 를 위해 다양한 영양식품을 섞은 빵을 연구했습니다. 이를 흥아건국빵이
> 라는 이름으로 매주 몇 번, 혹은 적어도 매월 흥아봉공일만큼은 절미 대용
> 식으로 꾸준히 드시도록 장려하고 있습니다.
>
> 흥아건국빵은 일반 빵집에도 보급해 갈 계획입니다. 물론 가정에서도
> 얼마든지 만들 수 있습니다.
>
> 양우회식량학교 주사 가네코 다케마쓰(金子竹松),
> 『부인구락부』 1940년 6월호.

빵집에도 보급해 갈 것이라는 포부를 밝히고 있지만 실현되기는
어려워 보인다. 그도 그럴 것이 이것은 반죽을 이스트로 발효시켜 부
풀어 오른 것을 굽는 방식의 빵이 아니기 때문이다. 레시피에 나와 있
듯 밀가루에 콩가루, 해초 분말, 생선, 채소 분말 등을 넣고 베이킹파
우더로 부풀리는 요상한 맛의 찐빵이다. 맛은 포기한 영양만 생각한
빵이랄까. 사람이 먹기엔 너무도 저급한 맛이었다.

'흥아빵'은 '흥아봉공일에 먹는 빵'이라는 의미가 담겨 있다. 흥아 봉공일은 매월 1일로 삼았다. 국민정신총동원운동의 일환으로 1939 년 9월 1일부터 매월 1일을 그렇게 부르도록 한 것이다. 전장의 노고 를 참아내고 검소하게 생활하는 날로 삼아 처음은 '히노마루 도시락' 을 장려했는데 그것이 오히려 쌀 소비량을 늘려 버렸다. 급기야 이듬 해에는 절미운동의 일환으로 "적어도 오늘 하루는 쌀 없이 지내자"라 는 슬로건을 내걸었다. 속이 뻔하게 들여다보이는 임기응변식 정책 이다.

이 임기응변식 '흥아빵 작전'도 별 효과를 거두지 못하고 결국은 탁상공론으로 끝나버렸다. 영양은 풍부할지 모르나 동물사료에나 넣을 법한 생선 분말 등을 사용했으니 비린내가 심해 먹을 수 있는 상태가 아니었던 것이다.

### 백화점 식당가에도 절미 메뉴

공무원들 머리에서 나온 흥아빵이 맛을 포기해야 했다면, 프로 요 리사들은 영양과 맛 두 마리 토끼를 잡기 위해 고군분투했다. 그렇게 내놓은 것이 이른바 절미 메뉴이다. 여성지에도 흥미로운 기사가 실 렸다. "도쿄에 점포를 가진 8개 백화점 조리 주임들이 자신만의 절미 메뉴를 선보이는 자리를 마련했다. 이세탄伊勢丹은 고래고기라이스, 다카시마야高島屋는 풋콩밥, 도요코東橫백화점은 카레라이스, 미쓰코시 三越는 비지밥, 마쓰야松屋는 무밥, 마쓰자카야松坂屋는 채소라이스, 교 하마京浜백화점은 감자밥, 시로키야白木屋는 콩밥 등의 메뉴를 내걸고 소박하고 맛있는 요리 솜씨를 자랑했다."「도쿄 8대 백화점 전시 식량 메뉴 솜씨 겨루기 레시피를 잘 들여다보면 하나하나 '쌀외래미 혼합'이라고 기술하고 있다. 앞서 언급한 것처럼 이 무렵은 외래미를 섞은 쌀만 손에 넣을 수 있었다. '쌀외래미 혼합'이라고 일일이 표기한 것은 "일류 백화점에서도 외래미를 사용합니다"라는 선전효과를 나타내기 위함이었다.

이 좌담회가 열렸던 무렵 간사이關西의 백화점에서도 아이디어 절미 메뉴가 등장했다. 한큐阪急백화점은 쌀 대신 우동을 이용해 만든 '우동 초밥', '우동이 들어간 튀김우동, 감자, 양파를 함께 튀긴 것', '소바 초밥밥 대신 소바를 김에 만 것' 등을 '국책 런치国策ランチ'라는 이름으로 판매했다고 한다. 도쿄에 자리한 백화점들이 잡곡밥증량법에 집중한 반면, 오사카의 백화점은 우동대용식을 권장하는 경향을 보이는데 그 차이는 식문화에서 비롯된 것이 아닐까 한다.

절미 메뉴 개발 붐은 백화점 식당가에서만 일었던 것은 아니었다. 이 무렵 너도나도 '국민식운동'이라는 이름을 걸고 다양한 행사를 개최했다. 후생성厚生省의 '영양식전람회', 가가와香川 영양학원의 '국민식전람회', 일본 적십자사의 '전시국민식전람회'와 같은 행사는 당시 절미운동의 열기를 미루어 짐작케 한다. 붐을 타고 동네 레스토랑이나 식당에서도 절미 메뉴를 개발하여 '절미 점심 메뉴. 맛있고 영양도 만점. 가정에서도 만들어 보세요'라는 선전 문구를 내건 가게도 있었다고 한다.

그런데 이 같은 노력에도 불구하고 얼마 후인 1940년 8월에 도쿄의 식당이나 요리집에서 쌀밥 판매가 금지되고, 영업시간도 제한하게 된다. 이 무렵부터 도쿄의 레스토랑이나 식당은 카레라이스나 오

프라이스, 가쓰동은 물론 가게들이 저마다 고안해낸 마제고항 같은
것도 내지 못하게 되었다. 바야흐로 외식산업에도 빨간불이 켜졌다.

# 이것이 화제의 흥아빵이다!

흥아빵 재료

## 흥아빵

밀가루에 콩가루와 해초가루, 말린 생선가루 등에 채소를 넣어 찐 빵입니다. 분량은 밀가루 100돈[370g], 콩가루 30돈[110g], 설탕[흑설탕도 좋음] 40돈[150g], 베이킹파우더 5돈[20g], 식염, 당근, 무청 등의 제철 채소.

먼저 당근, 무청, 시금치 등의 채소를 잘게 썰고 밀가루와 베이킹파우더, 콩가루, 해초가루, 말린 생선가루 등을 함께 체에 쳐 놓습니다. 다른 그릇에 설탕, 소금과 물 8작[140cc] 정도를 잘 풀어 그 안에 체에 친 가루와 채소를 넣고 국자로 뭉치지 않게 잘 섞어서 10개 정도로 나누어 둥글게 만들어 둡니다.

이것을 젖은 천을 깐 찜기에 10분 정도 쪄내면 먹음직스러운 찐빵이 완성됩니다.

1인당 2개, 스프 종류를 곁들이면 영양만점입니다.

식량학교[食糧学校] 마쓰시마 이쿠요[松島郁代], 『주부의 벗』 1940년 10월호.

# 백화점 절미 메뉴

## 이세탄의 고래고기라이스

역사가 짧아 연구가 아직 미흡하지만 양식 하나를 소개하겠습니다. 재료는 5인분 쌀 외래미 혼합 2합 5작[370g], 고구마 약 150돈[560g], 고래고기 100돈[370g], 비계가 두둑한 돼지고기와 양파 각 50돈[180g], 소금, 후추.

고래고기는 가능한 잘게 썰어줍니다. 그리고 잡내를 제거하기 위해 양파즙 큰술 1개, 생강즙 티스푼 1개를 넣고 10분 정도 재워둡니다. 다음은 잘게 다진 돼지고기 지방 부위를 중불에 볶은 후, 다진 양파와 고래고기와 함께 강한 불에 볶아냅니다. 간은 소금과 후추로 합니다.

고구마는 삶아서 껍질을 벗긴 후 으깨 놓습니다. 그리고 밥과 볶은 양파, 고래고기, 제철 채소를 데쳐 잘게 썰어 섞어 줍니다. 접시나 덮밥용 그릇에 담아 따뜻할 때 먹습니다. 1인분에 5작[90g] 정도의 쌀이면 되고, 칼로리도 표준이며, 1인분에 14전 정도로 만들 수 있습니다.

우리 가게에서는 고구마를 잘게 썰어 밥에 섞어 지으니 고구마만 골라내는 손님이 많았습니다. 그래서 고구마를 으깨서 사용하게 되었습니다.

이세탄 식당 주임 오타 하루오[太田春雄], 『부인구락부』 1940년 7월호.

## 다카시마야의 풋콩밥

우리 식당에서 호평을 받고 있는 풋콩밥을 소개하겠습니다. 재료는 역시 5인분으로 쌀[외래미 혼합] 5합[750g], 껍질 벗긴 풋콩 1합 5작[270cc], 소금.

풋콩은 껍질 벗기기가 까다로운데 살짝 데치면 쉽게 까집니다. 이것을 쌀과 함께 소금으로 간하고, 물 양을 잘 맞춰 밥을 짓습니다. 국물과 함께 내면 좋습니다.

다카시마야 일식 조리 주임 오노 쓰네키치[大野恒吉], 『부인구락부』 1940년 7월호.

## 미쓰코시의 비지밥 ────────────

여러 가지로 연구를 했습니다만 비지가 가장 경제적인 것 같습니다. 쌀외래미 혼합 1되 1500g 당 콩비지 100돈370g, 유부 3장

채 썬 유부와 콩비지, 쌀을 함께 냄비에 넣습니다. 물을 잘 맞추고 미원이 있으면 함께 넣어 밥을 짓습니다. 밥이 식어도 외래미만으로 지은 밥보다는 맛있습니다. 가격도 1 인분에 7전 정도로 경제적입니다.

미쓰코시 일식 조리 주임 엔도 다사부로遠藤多三郞,
『부인구락부』1940년 7월호.

# 쌀은 왜 부족했을까

## 쌀 부족은 조선의 흉작 때문

그렇다면 왜 중일전쟁 시기에 급격히 절미가 요청되었을까? 물론 쌀이 부족했기 때문인데, 의외로 그 원인을 모르는 사람이 많은 듯하다. 쌀 부족은 꼭 전쟁 때문만은 아니었다.

절미의 필요성이 대두되었던 첫 번째 이유는 일본이 만성적인 쌀 부족 국가였던 데에 있다.

메이지시대 이후 쌀 소비량은 계속해서 늘어갔다. 농업기술의 발달로 생산량이 늘어 어떻든 생산과 소비의 밸런스를 유지해 왔지만, 20세기에 들어서면서1897~1906부터 국내 생산만으로는 공급이 어려워 수입을 개시하게 되었다. 인도나 타이에서 수입한 외래미남경미가 늘었고, 남경미는 가난한 농민이나 노동자들의 주식이 되었다. (아이러니하게도 정작 쌀 생산자인 농민들은 자신이 농사지은 쌀을 팔아 그 돈으로 남경미를 사서 그 안에 보리나 고구마 등 잡곡을 섞어 먹었다!)

다이쇼기부터는 일본의 식민지로 편입된 타이완과 조선으로부터 이입미移入米 : 식민지에서 들여온 경우 '수입'이 아닌 '이입'이라고 불렀다를 들여와 쌀 부족 상황을 어느 정도 해소할 수 있게 되었다. 1939년 무렵을 예로 들면, 국내 소비량의 20퍼센트가 타이완과 조선으로부터 들여온 이입미로 충당했다. 이입미의 경우는 국산 멥쌀에 가까운 품종인데다 국내산보다 20~30퍼센트 저렴하기까지 했다. 이처럼 도시에 백미가 보급된 데에는 일본 정부가 식민지 타이완과 조선에 쌀 증산 정책을 밀어붙인 탓이라는 점 또한 기억해야 할 것이다.

그런데 국내 쌀 생산량은 제자리걸음이었다. 쇼와 초기의 공황과 낮은 소작료로 인해 도시로 상경하는 농민의 수가 점점 늘어났고, 타이완이나 조선에서 들여온 값싼 이입미 탓에 농민의 생산의욕은 날이 갈수록 저하되었다.

절미가 요청되었던 직접적인 원인은 1939년 불어닥친 가뭄과 조선의 흉작 탓이었다. 거기다 타이완과 조선 현지의 쌀 소비량이 급증한데다 믿었던 이입미의 공급마저 여의치 않게 되었다.

이러한 상황에서 정부는 동남아시아의 수입미에 다시 의존해 1940년 무렵부터 외래미를 섞은 쌀이 유통되었다.

**전쟁이 발발하기 직전은 '백미 붐'이었다.**

절미가 필요하게 된 두 번째 이유는 당시 일본인의 쌀 소비량이 어마어마했기 때문이다.

일본 역사상 쌀 소비량이 가장 많았던 것은 1921~25년이었다. 영양학 지식을 앞세운 식생활개선운동으로 쇼와기에 들어 1인당 소비량은 줄어들었지만 인구가 늘어난 만큼 총 소비량은 지속적으로 상승해 1940년 무렵 절정을 이루었다.

당시 연간 소비량은 1,200만 톤. 1인당 약 1석 1되<sup>약 152kg</sup>. 1인 1일 약 3합<sup>450g</sup>, 도시에서는 더 많은 약 3합 반<sup>500g</sup>의 쌀을 먹었다는 계산이 된다. 3합이나 3합 반이면 꽤 많은 양이다. 밥으로 치면 밥공기 9~10공기 정도. 하루에 3끼, 끼니당 3공기를 먹는 셈이다(여담이지만, 미야자와 겐지의 시에 "하루에 현미 4합을 먹고"라는 구절이 등장하는데, 4합을 3합으로 고쳐 쓴 적이 있다고 한다. 패전으로 식량난이 심각했던 시절에 말이다).

전쟁 이후 소비량의 절정이던 1962년120kg에는 3~5할 증가하는데, 이는 현 소비량65kg의 3배에 가깝다.

오로지 백미만 먹었던 것은 앞서 언급한 바와 같이 타이완이나 조선으로부터 쌀이 이입되어 값싼 가격에 손에 넣을 수 있었기 때문이었다. 흥아봉공일에 '히노마루 도시락'이 소박한 먹거리로 장려되었던 것도 쌀이 저렴했기 때문이다. 하루 세 끼 세 공기의 흰쌀밥을 먹는 것은 일본인들의 오랜 로망이었다. 그것이 가능했던 것은 이른바 '백미 붐' 시절이었다.

절미를 소리 높여 주창한 것은 이러한 페이스로 쌀을 계속해서 소비하게 되면 쌀 부족이 더욱 심각해질 것이라는 우려 때문이었다. 그리고 영양학적으로도 문제가 되었다. 당시 일본인은 에너지의 7~8할현재는 4할, 단백질의 3배현재는 2할를 쌀에서 충족했다. 부식은 소량. 된장국과 장아찌만으로 밥을 세 공기씩 먹게 되면 비타민 부족이 생기기 마련. 실제로 비타민B1 부족으로 인해 각기병이 빈발했다. 절미는 분명 식량정책의 일환으로 추진된 것이었지만 영양학적으로 볼 때 순기능도 있었던 셈이다.

## 전시기 쌀 부족은 수송 문제였다

그렇다면 전쟁은 쌀에 어떤 영향을 미쳤을까. 전쟁이 발발하면 생산력이 저하된다. 농민들 역시 전장과 군수산업에 뛰어들어야 했고, 비료 등도 부족했기 때문에 저하되는 것은 당연했다.

그런데 정부가 우려한 것은 그런 것이 아니었다. 쌀을 국외에 의존하는 상황이었기 때문에 쌀을 수송하는 문제가 최대 관건이었다. 당시 정부는 쌀의 총 소비량을 8,000만 석1,200만 톤, 국내 총 생산량을 6,000만 석900만 톤으로 예상했다. 지금처럼 소비한다면 대략 2,000만 석300만 톤을 수입미와 이입미로 보충해야 하는 결과가 된다. 2할 5분도의 절미라고 불렀던 것은 그만큼의 수치를 감축했다는 의미다.

『신민의 길臣民の道』문부성, 1941이라는 책자에는, 부족한 2,000만 석이라는 수치와 함께 "이만큼을 외래미 및 외지미로 수입하면 1만 톤의 배가 300척 필요하게 됩니다"라는 문구가 보이기 시작한다. 외래미 수입을 군수품 재료 수입으로 돌리면, 알루미늄 원료라면 비행기가 2,500대, 철광석이면 1만 톤 급 순양함巡洋艦이 100척을 운반할 수 있다는 기사도 등장한다.야마나카 히사시(山中恒), 『생활 속의 태평양전쟁(暮らしの中の太平洋戦争)』 "외래미의 수입을 멈추면, 그만큼의 전력이 생겨나게 된다!!", "쌀은 비행기다, 탄환이다"라는 슬로건은 공허한 탁상공론이었지만 정부의 의중은 명확했다.

1993년 냉하冷夏로 인해 전쟁 이후 사상 최악의 쌀 부족 사태를 맞게 되면서 타이 등지에서 수입미를 들여온 것을 기억할 것이다. 전쟁 중에는 늘 그런 상태에 놓여있었다고 보면 된다. "도요아시하라豊葦原의 미즈호瑞穂의 나라윤기가 흐르는 벼가 익는 아름다운 나라"라는 옛말은 이제 거짓

말이 되었다. 이것은 곧 나라 밖에서 쌀을 들여와야 식량을 확보할 수 있었음을 의미한다.

그러한 상황에서 전쟁을 개시한 것 자체가 무모한 짓이었지만, 절미만 실행된다면 식량문제는 어떻게든 해결될 수 있으리라고 낙관한 모양이다. 여성지도 태평하게 다음과 같은 기사를 싣고 있다.

> 미즈호의 나라라고 불리던 우리나라는 전시 중임에도 구주 여러 나라처럼 식량 결핍에 시달리는 일은 없지만, 마냥 행복에 안주해서는 안 됩니다. 기후 상태에 따라 쌀 생산량이 줄어들 수 있음을 명심하고 이에 대비하여 평소에 쌀 이외의 곡물을 먹는 습관을 들여야 합니다.
>
> 양우회식량학교 주사 가네코 다케마쓰(金子竹松)
> 『부인구락부』 1940년 6월호.

그런데 얼마 되지 않아 국내 쌀 생산량도 감소하게 되면서 이런 미사여구는 더 이상 통하지 않게 되었다.

## 쌀 배급제도가 개시되다

쌀에 대한 본격적인 통제가 시작된 것은 중일전쟁이 진흙탕으로 빠져들던 1941년 무렵이었다.

1939년부터 쌀에 대한 직접적인 통제가 시작되었다. 쌀이 부족해지자 쌀 가격은 하늘 높은 줄 모르고 상승했다. 이에 정부는 쌀 매점매석을 방지하기 위해 이 해 11월부터 농민들로부터 쌀을 강제로 매입해<sub>공출이라고 불렀다</sub> 정찰제로 국민들에게 불하하는 정책을 폈다. 쌀을 자유롭게 팔고 살 수 없게 된 것이다(정부는 통제를 강화하기 위해 1942년 식량관리법을 제정했다. 이 법은 1995년 폐지될 때까지 계속되었다).

1941년 4월에는 정해진 양의 쌀을 공평하게 분배하기 위해 6대 도시도쿄, 오사카, 나고야, 교토, 고베, 요코하마에서 쌀 배급통장제도를 시행했다. 이 제도는 점차 전국으로 확대되었다.

배급통장제도하에서는 1인당 정해진 양의 쌀만 손에 넣을 수 있었다. 11세부터 60세까지 1인 1일당 배급량은 2합 3작330g. 그 이전까지의 평균 소비량이 1인 1일 3합450g이었던 것을 상기하면 2할 5분이나 줄어든 셈이다.

그런데 배급통장제도의 순기능도 있었다. 그 이전까지 쌀에 굶주렸던 빈곤한 농민이나 노동자들도 쌀을 공평하게 분배받을 수 있게 된 것이다.

도시와 농촌 간 먹거리의 격차, 특히 농촌의 영양부족을 정부도 충분히 인식하고 있었고, 국가의 영양지도자들은 절미운동과 병행해 국민의식개선에도 힘을 기울였다.

# 절미 시대 주부들의 지침

## 절미를 더 확실하게

### 절미와 건강식

쌀밥을 양껏 먹는 것도 습관입니다. 또한 올바른 식품 배급이란 양적인 것보다 질적인 것이며, 질적인 것이 건강을 배려한 것이라고 생각합니다.

### 절미 목표

양말창糧林廠 발표를 참고하면, 한 집당 일 년에 3두斗[54ℓ], 한 달에 3되升[5.4ℓ]를 절미하면 될 듯 합니다. 하루에 한 집당 1합合[180㎖]씩 절미하는 셈입니다. 한 끼에 해당하는 양이니 절미를 실천하는 일은 어렵지 않을 것입니다.

### 공제 절미

매일 쌀을 푸기 전에 양을 계산해서 납작보리 등을 혼용하는 것이 가장 손쉬운 방법이고, 거기서 더 절미하는 것이 본격적인 절미라고 할 수 있습니다.
대용식을 한다고들 하는데 주식이 아닌 부식을 절약하는 경우면, 고구마, 콩종류 절미로 인해 영양을 놓치는 일 없도록 주의해야 합니다.

도쿄토모노카이 식사부東京友の会食事部 사와사키 우메코澤崎梅子,
『부인의 벗』1940년 8월호.

## 전쟁을 살아가는 주부들의 살림 비법

### 쌀을 씻을 때

쌀 씻을 때도 주의를 기울여야 합니다. 물은 너무 많이 사용하지 않도록 주의합니다. 7분도 정미 쌀은 백미와 달리 두세 번 살짝 헹구는 정도로 씻어내야 아깝게 버려지는 쌀 양을 줄일 수 있습니다.

## 누룽지 처리법

7분도 정미 쌀은 백미보다 물 조절이 어렵습니다. 마지막에 불을 강하게 합니다. 이때 자칫 심하게 눌어붙어 누룽지가 대량으로 발생할 수 있습니다. 만약 누룽지가 생겼다면 냄비에 뜨거운 물을 붓고 한소끔 끓인 후 소금으로 간을 하면 아주 구수한 별미 오차즈케가 완성됩니다. 너무 심하게 눌어붙은 경우는 따뜻할 때 소금을 뿌려 뭉쳐 놓으면 신기하게도 오래도록 굳지 않습니다.

## 말린밥 이용법

아무리 깨끗하게 먹는다 하더라도 밥통이나 찜통에 눌어붙은 밥알이 남아 있기 마련입니다. 이것을 가는 채반에 넣어 바싹 말려두면 다양하게 사용할 수 있습니다. 예컨대, 기름에 튀겨서 국물 요리 건더기로 사용하거나, 프라이팬에 달달 볶아서 설탕옷을 입히면 아이들 취향을 저격한 맛있는 간식이 됩니다.

미사와 나오코<sup>三沢直子</sup>, 『주부의 벗』 1940년 3월호.

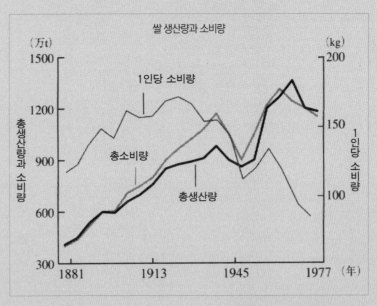

쌀 생산량과 소비량

『헤이본샤(平凡社) 대백과사전』 11권

## 하이칼라한 대용식 종류들

### 호두가 들어간 찐빵 ─────────────────────

찐빵도 절미에 적합합니다. 밥을 짓는 것보다 간편하고 가볍게 먹기 좋습니다.

재료는 5인분으로 밀가루 5합<sup>900cc</sup>, 베이킹파우더 큰술 3개, 호두 1컵, 물 2합<sup>360cc</sup>, 설탕 큰술 1개, 소금 티스푼 2개, 시금치, 당근.

준비한 물에 설탕과 소금을 넣고 호두를 잘게 빻아놓습니다. 여기에 잘게 썬 채소를 넣어 잘 섞은 후 밀가루와 베이킹파우더를 체에 쳐서 끈기가 없어질 때까지 잘 섞은 후, 찜기에 20분간 찝니다.

기름을 넣을 경우는 가루 100돈에 기름 한 큰술, 밀가루에 메밀가루와 콩가루를 섞을 경우는 2할 정도면 됩니다.

밥이 부족하거나 밥할 시간이 없을 때는 찬밥을 넣어 만든 찐빵도 맛있습니다.

아침에는 된장국도 좋고, 콩가루나 두유와 함께 드시면 더욱 맛있습니다. 설탕 대신 약간의 소금간을 하면 풍미가 좋습니다. 한 컵 정도의 뜨거운 물에 콩가루 큰술 하나 반, 소금 반 티스푼을 넣고 저어주면 됩니다.

쓰쓰이 미쓰코<sup>筒井みつ子</sup>, 『주부의 벗』 1941년 6월호.

### 감자 해시 ─────────────────────

막 구워 따뜻할 때 된장국과 함께 먹으면 쌀쌀한 아침 식사로 제격입니다.

감자는 소금물에 살짝 데쳐 물기를 뺀 후 잘 으깨어 따뜻할 때 달걀 하나를 풀어 넣고 빠르게 섞어 줍니다. 약간의 소금간을 한 후 기름을 두른 프라이팬에 넓게 펴 뒤집어 가며 노릇하게 구워냅니다. 접시에 보기 좋게 담아냅니다.

다진 고기나 양파 볶은 것에 토마토케첩을 곁들여 먹으면 아이들이 아주 맛있게 먹습니다.

이후쿠베 게이코<sup>伊福部敬子</sup>, 『주부의 벗』 1940년 11월호.

# 펠메니

## 속 재료5인분

간 고기 150g, 돼지비계간것 75g, 양파 작은 것 1개다진것

위의 재료에 물 1/4컵을 넣고 잘 섞어서 소금, 후추로 간을 해 둡니다.

## 피 재료

밀가루 3컵 반, 달걀 1개, 물 1컵, 소금 작은술 1개

위의 재료를 잘 섞어 반죽을 합니다우동처럼. 긴 봉 모양으로 만들어 하나하나 직경 약 3센티 정도로 둥글게 모양을 만든 후 얇게 피를 만들어 준비해 놓은 속 재료를 넣고 가시와모찌柏餅:떡갈나무 잎에 싼,팥소를 넣은 찰떡 모양으로 양쪽 끝을 오므려 줍니다. 50~60개를 만들어 팔팔 끓는 물에 넣어 떠오를 때까지 삶아줍니다. 삶은 물에 소금간을 해서 국물과 함께 접시에 담아냅니다. 식초, 소금, 후추 등으로 간을 해서 먹습니다.

니시 후키코西富貴子·구리고리에프 아야코グリゴリエフあや子,
『부인의 벗』 1940년 1월호.

## 이탈리안식 우동요리

도요코東橫 그릴이 자랑하는, 토막 낸 생선을 사용한 이색적인 이탈리아 요리입니다. 단백질도 칼로리도 이것 하나로 충분. 색다른 우동 요리가 굶주린 분들의 배를 넉넉하게 채워줄 것입니다.

재료는 5인분으로 생선종류는 상관없습니다 5토막, 달걀 3개, 삶은 우동, 양파, 토마토 등.

프라이팬에 버터를 녹여 잘게 썬 양파를 볶아 둡니다. 주사위 크기로 썬 토마토, 우동 순으로 볶은 후, 토마토가 익으면 소금, 후추로 간을 합니다.

생선은 1인 분에 10돈40g 정도. 회를 뜨듯 얇게 두 토막을 낸 후 소금, 후추로 간을 하고, 달걀을 입혀 뜨겁게 달군 프라이팬에 지져 냅니다. 달걀을 끼얹으며 골고루 잘 익힙니다.

덮밥용 그릇에 볶은 우동을 볼륨감 있게 올리고 준비한 생선 달걀전을 올려 뜨거울

때 기호에 따라 소스를 얹어 먹습니다. 고등어나 정어리처럼 비린 생선의 경우 귤즙을 사용하면 비린내도 잡아주고 맛도 좋습니다.

호소부치 요조細淵羊三, 『주부의 벗』 1941년 6월호.

# 영양기준이라는 아이러니

## 하루 필수 영양소를 정하다

국민이 건강을 유지하기 위해서는 하루에 어느 정도의 에너지와 영양소를 취하면 될까. 그 목표 수치를 '영양 소요량'이라고 칭했다. 이 영양 소요량의 원조라고 할 수 있는 '국민식영양기준'이 일본에 처음 도입된 것은 전쟁 중이던 1940년 11월의 일이다. 국민이 건강하지 않으면 총력전을 치룰 수 없다는 판단에서다.

구체적인 수치는 중급 정도의 노동을 하는 성인 남성21~60세의 경우로, 1일 2,400킬로칼로리여성은 남성의 80퍼센트로 1일 2,000킬로칼로리. 단백질 1일 80그램. 참고로 현재 영양 소요량의 수치는 2,300~2,650킬로칼로리, 단백질 70~80그램'적절한 생활 활동 강도'의 18~69세 남성의 경우. 연령에 따라 수치가 다르다. 「제6차 개정 일본인의 영양 소요량」에서 발췌이므로 지금과 별반 다르지 않다.

곧이어 식량보국연맹 지도하 '국민식운동'이 개시되었다. '국민식'의 기준에 따른 1일 식단을 마련하겠다는 취지다. 특히 동물성 단백질이 부족한 농촌에 힘을 기울였다. 아래에 소개하는 것은 여성지에 실린 '국민식' 식단의 한 사례. 국 하나에 채소 하나를 기본으로 한 소박한 밥상이지만 필수 영양소를 고려한 것이다.

그런데 국민식은 아이러니한 결과를 초래했다. 발상은 나쁘지 않았지만 시기가 적절치 못했던 것이다.

## 현실과 동떨어진 이상론

국민식은 하루에 필요한 식품을 종류별로 제시하고 양도 제시했다. 주식은 하루 500그램<sup>쌀 400그램, 보리와 잡곡류 100그램</sup>, 육류와 생선류 등 동물성 단백질은 하루 100그램 등등.

그런데 앞서도 기술했듯이 당시 일본은 만성적 쌀 부족 국가. 국민 전원이 1일 400그램의 쌀을 먹는 것은 실제로 불가능했다. 따라서 반 년 뒤 시행된 배급제도도 쌀을 330그램으로 제한한 것이다. 이제 쌀만이 아니라 거의 모든 식품이 부족한 상황에 직면했다. 국민식은 하루 필수 영양소라는 개념만 심어주었을 뿐, 현실과는 동떨어진 이상에 지나지 않았다. 이 무렵부터 일본인의 식생활은 서서히 파멸의 길로 접어들었다.

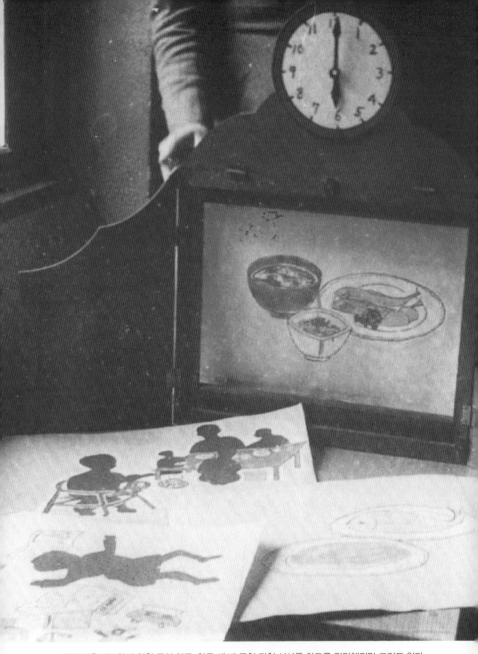

국민식을 지도하기 위한 종이 연극. 하루 세 번 균형 잡힌 식사를 하도록 권장했지만 그것도 얼마 안 되어 무용지물이 되었다.

# 국민식 제창

## 도시와 농촌의 식단

국민 모두가 완전한 영양을 섭취할 수 있도록 하는 것, 일하는 사람은 마음껏 일할 수 있도록 하는 것, 어머니는 우량아를 낳아 건강한 제2의 국민으로 키울 수 있도록 하는 것이 오늘날 일본에 있어 가장 중요한 일이 아닐까 합니다. 따라서 우리는 국민식이라는 것을 제창하고, 기준이 되는 요구량을 정해 보았습니다.

다음과 같이 도시형과 농촌형으로 나누어 이상적인 영양 식단을 소개합니다. 하루 식단을 이렇게 짜보면 어떨까요.

### 도시형 식단

아침 : 된장국, 우엉볶음, 장아찌

점심 : 우동, 고명

저녁 : 맑은 장국, 고등어 햄버거, 장아찌

### 농촌형 식단

아침 : 토란과 무청 된장국, 메뚜기 조림, 장아찌

점심 : 영양 된장빵, 장아찌

저녁 : 우치마메메시打豆飯:불린 콩을 짓찧은 것, 잡탕국, 장아찌

식량보국회 상무이사 나카자와 벤지로中澤弁治郎,
『주부의 벗』 1941년 12월호.

## 일주일 식단

국민식 영양 표준에 맞춘 식단은 단순히 단백질, 열량을 만족시키는 재료가 아니라, 최소한의 재료를 사용해 일본 국민식으로 손색이 없도록 고안한 것입니다.

### 봄철 식단

일요일 : 점심 – 빵, 채소 / 저녁 – 조림대합구이, 채소, 고야두부 등, 맑은 장국

월요일 : 점심 – 채소국미역, 죽순 등 / 저녁 – 생선 프라이, 햇감자

화요일 : 점심 - 하야토지루隼人汁：닭고기와 야채를 넣은 국 / 저녁-하루노스메시초밥, 맑은
장국

수요일 : 점심 - 조림우동 / 저녁 : 생선구이, 채소 무침

목요일 : 점심 - 다마고토지卵とじ：달걀을 풀어서 끓는 국에 넣어 채소, 고기 등의 건더기를 부드럽게 싸듯이 만든
요리, 청대완두 등 / 저녁 - 찐빵, 중국식 조림죽순,생선,고기등

금요일 : 점심 - 죽 / 저녁 - 봄철 튀김

토요일 : 점심-생선초찜, 채소 샐러드 / 저녁-화이트소스조림다진고기,죽순등

『부인의 벗』 1941년 2월호.

제3장

# 부엌의 전투 배치
## 태평양전쟁 레시피

배급 쌀이 현미로 바뀌었다.
모든 가정은 현미 한 되를 병에 담아 찧었다.

# 배급 시대의 식생활 전쟁

## 태평양전쟁이 개시되다

절미요리가 유행하고 쌀 배급통장제도가 시작되었지만 1941년까지는 여성지의 요리 코너에 큰 동요나 변화는 보이지 않는다.

> 드디어 시국이 중대해짐에 따라 매일 먹는 반찬도 지금까지와 다르게 마음가짐을 달리해 무엇이든 손에 넣을 수 있는 재료를 고안하여 가능한 영양 본위로, 거기다 맛있고 간단하게 만들 수 있어야 합니다.
>
> 『주부의 벗』 1941년 9월호.

이렇듯 마음가짐을 달리할 것을 반복해서 말하고 있지만, 다른 한편에서는 여전히 육류나 생선류, 채소를 이용한 다양한 요리들이 지면을 장식했다.

여성지의 요리기사가 돌연 긴장감을 더하는 것은 1942년 전쟁이 제2 국면만주사변부터 계산하면 제3 국면으로 돌입할 무렵이었다. 1941년 12월 8일, 일본군이 하와이 진주만을 기습공격하면서미일 개전 태평양전쟁중일전쟁을 포함해 대동아전쟁이라고 불렀다이 시작된 것이다.

총후를 지키는 사람들도 한층 더 전쟁에 협력하고 내핍 생활을 해야 했다. 군수軍需에 필요한 금속을 모으기 위해 '금속류회수령'이 발포되고 아이들 장난감에서부터 사원의 종에 이르기까지 금속으로 된 제품을 공출해야 하는 시대가 도래한 것이다.

일본 정부는 태평양전쟁을 '자존자위열강의 지배를 물리치고 국가가 자립하는 것',

'대동아공영권건설'이라고 자리매김했지만, 실제로는 중일전쟁이 진흙탕으로 빠져들자 군수물자 고갈을 메우기 위해 석유, 철광석, 고무, 보크사이트<sup>알루미늄의 원광</sup> 등의 자원을 남방으로 보내는 데 국민들을 동원한 사태에 다름 아니었다.

진주만 공격에 이어 말레이해전에서 영국과 미국을 공격한 후, 일본군은 얼마간 순조롭게 진격해 개전 반년 사이에 필리핀, 인도네시아, 말레이시아, 버마와 같은 동남아시아 일대부터 남태평양 군도에 이르는 넓은 지역을 점령했다.

국민들의 환영 분위기는 중일 개전<sup>노구교사건</sup> 때처럼 열렬했다. 1월 마닐라 함락, 2월 싱가포르 함락, 3월 랭군 함락. 함락할 때마다 일본 국내에서는 전승을 축하하는 제등행렬이 펼쳐졌다.

내심 불안은 느끼고 있었을 테지만, 이때까지만 해도 사람들은 사태의 중대성을 진정으로 깨닫지 못했다.


## 배급 받으려면 4시간 반이나 소요

그렇다면 총후의 생활은 어땠을까? 태평양전쟁이 시작될 무렵은 쌀뿐만이 아니라 식료품이나 의류, 연료 등 거의 모든 생활필수품들이 배급제였다. 여성지 요리 코너 또한 배급받은 재료를 이용한 레시피로 채워졌다.

배급제란 제한된 물자를 국민들에게 공평하게 나눈다는 의미로 배급표제, 할당배급제 등으로 불렸다. 물론 무료는 아니다. 값을 치룬다고 해도 사고 싶은 물건을 마음껏 사지 못했다. 배급은 품목마다 1인당 구입량이 정해져 있고, 세대 단위로 교부되는 표<sup>거기에 더하여 현금</sup>를 내고 쌀의 경우는 통장에 도장을 찍었다 1회분을 구입하면 다음 배급일까지 그 양으로 버텨야 한다.

설탕과 성냥은 1940년부터 배급제가 시행되었다. 같은 해 가정용 연료목탄, 조개탄, 연탄 등, 육아용 유제품, 우유 등이 배급제가 되었고, 이듬 해 1941년에는 주식인 쌀마저 배급제가 되면서 사람들에게 충격을 안겨주었다. 밀가루, 술 식용유, 달걀, 생선 등 중요한 식품이 잇달아 배급제로 바뀌었다.

배급제는 시정촌市町村 단위로 실시되었는데, 지역에 따라 실시된 시기나 배급량이 조금씩 달랐다. 다음 표를 보면 알 수 있듯, 1942년 에 이르면 소금, 간장, 된장, 채소 등 신선식품류에 이르기까지 거의 모든 식품이 배급제였다.

표1_ 주요 배급표 제도 예시(도쿄시)

| 품명 | 개시 시기(연월) | 할당량 등 |
|---|---|---|
| 설탕 | 1940.6 | 가족 15인까지 1인 0.6근(약360그램) |
| 성냥 | 1940.6 | 2개월당 가족 1~6인 소형 1갑<br>가족 7인 이상 대형 1갑 |
| 육아용 유제품 | 1940.11 | 생후 1개월 미만 분유 3캔 연유 12캔<br>1~2개월 분유 4캔, 연유 16캔<br>2~6개월 분유 5캔, 연유 20캔 |
| 쌀 | 1941.4<br>1939.4(배급제 공포) | 1일당 달력 나이 1~5세 120그램<br>6~10세 200그램<br>11~60세 330그램(2합 3작)<br>61세 이상 300그램<br>이 외에 외식권 있음 |
| 밀가루 | 1941.4 | 가족 1인(자취생) 50돈 / 2~3인 100돈 /<br>4~7인 150돈<br>/ 8~15인 200돈 |
| 주류 | 1941.4 | 술 1세대당 4합<br>맥주 1세대당 2~4병 |
| 연료 | 1941.4 | 가정용 연료 목탄, 조개탄, 구멍 뚫린 연탄 |
| 식용유 | 1941.6 | 3개월당 1인(자취생) 2합 / 2~3인 3합 / 4~7인 5합 |

| 품명 | 개시 시기(연월) | 할당량 등 |
|---|---|---|
| 달걀 | 1941.10~12 | 2인당 1개 |
| 생선 | 1941.11 | 1인 1일당 덩어리 30돈, 토막 20돈 |
| 과자 | 1941.12 | 1개월당 달력 나이 2세 이하 유아 과자 2봉지(30전) / 3세 이상 30~60전 |
| 소금 | 1942.1 | 1개월당 가족 20인까지 1인당 200그램 / 가족 20인 이상 초과 1인당 150그램 |
| 간장·된장 | 1942.2 | 1개월당 간장 1인 3합 7작(약 660cc) 된장 1인 183작(670g, 1일당 6작) |
| 빵 | 1942.5 | 임신부, 유아 1개월당 1식(과자빵 3개) |
| 청과 | 1942.11 | 1인당 60~70작. 입하량에 따라 조정 |

『헤이본샤 대백과사전』 5권, 『쇼와·헤이세이 가정사 연표』, 『근현대의 식문화』 등 참조.

언뜻 공정한 듯 보이지만, 배급 생활은 우리가 상상하는 것 이상으로 힘든 것이었다. 그중 가장 힘든 것은 식료품 구입을 위해 매일 줄을 서야 하는 것. 배급은 소매점에 위탁되거나 지역마다 지정된 배급소에서 이루어졌는데, 가족 중 누군가가 줄을 서지 않으면 안 되었다. 맛집을 찾아 줄 서는 것과는 차원이 달랐다. 정해진 식재료가 다 팔리기라도 하면 당장 끼니를 걱정해야 했기 때문이다.

채소의 배급은 평균 2일에 1회, 생선 배급은 3일에 1회. 다른 식재료나 생활 물품도 사야 했으니 거의 매일 어딘가에서 줄을 서야 했던 시대였다. 그 시간은 하루에 2시간, 한 조사에 따르면 4시간 반이 걸릴 때도 있었다고 한다. 그렇게 긴 시간 줄을 서도 가게에 따라서는 매석을 하거나 양을 속이거나 할 때도 있어 신경을 바짝 써야 했다.

일가의 식탁을 책임지는 주부들은 고민이 더 깊을 수밖에 없었다. "재료를 손에 넣지 않으면 식단을 짤 수 없는 작금의 부엌 상황에서 가지고 있는 재료를 어떻게 효과적으로 다룰 것인지가 절실한 문제입니다"『주부의 벗』 1942년 10월호라는 기술에서 주부의 한숨 소리가 들리는 듯하다. 정리하면 다음과 같다.


○ 양이 적다.

○ 같은 종류만 배급된다.

○ 애초 배급하려던 것과 다른 것이 배급된다.

○ 무엇이 배급될지 예측 불가하다.

○ 신선식품의 선도가 낮다.


종류가 적고, 양이 적고, 질이 나쁘다. 배급 시대의 식생활 사정은
어땠을까?

# 주부도 임전태세

## 모두 불덩어리가 되어 활약합시다

바야흐로 황군은 바다로 육지로 대승을 거두고 있으며, 파죽지세로 진격하고 있습니다. 우리는 그 어떠한 난고결핍難苦欠乏도 견뎌내어 총후를 지켜가지 않으면 안 됩니다. 모든 방면에서 불덩어리가 되어 활약하는 것과 동시에 식사체제에 있어서도 절미와 영양과 보존식을 충분히 고려해야 할 것입니다.

『부인구락부』 1942년 2월호.

## 주부에게 부여된 책임

오랜 장기전에 각오를 다지고 결연히 떨쳐 일어난 일억 국민에게 물자 부족이나 부자유스러움은 더 이상 문제가 되지 않습니다.

이번 배급제는 점차 강화되어 한정된 재료만 손에 넣을 수 있습니다. 당연하겠지만 요리의 근본을 잘 익혀 그 어떤 경우에도 영양과 경제 양 방면에서 물자를 잘 살리는 법을 연구하고, 늘 가정을 밝고 건강하게 유지하는 것이 주부에게 맡겨진 큰 책임이라고 생각합니다.

『주부의 벗』 1942년 2월호.

금속 부족으로 다리미와 유탄포(湯たんぽ : 동절기 방한용품의 일종으로 추운 환경에서 체온유지를 위해 데운 물을 금속이나 도자기 등의 용기에 넣은 것)까지 공출해갔다.

# 배급 시대의 주부들의 지혜

## 배급 식재료 취급법

### 고기
**배급된 고기는 여러 번 나누어**

배급된 고기는 한 번에 다 먹는 것이 아니라 여러 번 나누어 사용합시다. 우선 큰 덩어리째로 기름을 둘러 노릇하게 구운 후, 뜨거운 물을 살짝 잠길 만큼 넣어 맛있는 스프를 만듭니다. 그런 다음 고기를 꺼내고 스프에 여러 가지 제철 채소를 넣고 푹 익힙니다. 고기는 그대로 2~3일 보관할 수 있으므로 다음과 같이 두세 번 나누어 사용하도록 합시다.

**적은 양의 고기로 여러 번 사용하기**

갈거나 작게 다진 고기와 채소를 듬뿍 넣어 섞은 후 미트볼 식으로 졸이거나 볶거나 하고, 고로케나 양배추롤, 잡채 등을 만들면 적은 양의 고기로 풍성한 상차림을 할 수 있습니다.
또 스튜라든가 고구마 국, 카레라이스 등에도 사용할 수 있습니다.

**질긴 고기를 부드럽게**

식초를 넣어 익히면 질긴 고기도 부드러워집니다.

### 생선
**부족할 경우**

두들겨서 둥글게 말거나 작은 주사위 크기로 만들어 채소와 함께 스튜라든가 중국식으로 볶아 먹습니다. 또 갈아 만든 생선살을 잘게 썬 채소와 함께 섞어 프라이팬에 넓게 펴서 구워 먹습니다.
한두 토막으로 잘라 찌거나 볶은 후 채소 고명을 풍성하게 얹어 먹는 방법을 연구해 봅시다.

생선 뼈는 갈아서 생선가루로

## 작은 생선을 영양식으로

정어리 등의 작은 생선은 갈아서 머리나 뼈까지 전부 먹도록 하면 적은 분량의
생선으로도 충분히 영양을 섭취할 수 있습니다.

뼈를 발라내어 잘 씻은 후 타지 않도록 구워 절구에 빻으면 칼슘이 풍부한 생
선가루가 됩니다.

가루로 만들지 못할 만큼 딱딱한 뼈는 구운 후 햇볕에 말려서 국물 낼 때 사
용하면 가쓰오부시나 니보시煮干:정어리나 멸치를 쪄서 말린 것 못지않은 맛있는 재료가
됩니다.

## 달걀

### 달걀 하나를 두 개처럼 사용하는 법

오믈렛이나 달걀 프라이를 할 경우 달걀 하나에 생콩가루나 밀가루소금약간 큰술
하나를 달걀과 같은 양의 물에 녹여 넣으면 양이 두 배로 불어납니다.

여기에 으깬 두부나 콩비지가 있으면 같이 넣고, 채소도 풍성하게 썰어 넣어
부치면 2~3개로 5인분은 너끈히 만들 수 있습니다.

생콩가루 대신 참마 등이 있으면 갈아 넣거나, 전분 작은술 하나 분량을 물에

풀어 넣으면 손쉽게 응용 가능합니다.

## 밀가루

### 절약법

튀김옷이나 스튜, 우동, 찐빵 등에는 생콩가루나 메밀가루, 옥수수가루 등 손에 넣을 수 있는 가루를 섞어 넣으면 밀가루도 절약되고 맛도 영양도 잡을 수 있어 좋습니다.

### 밀가루가 필요 없는 카레라이스 연구

카레라이스와 스튜에는 재료가 부드러워졌을 때 감자를 2~3개 으깨 넣으면 밀가루를 사용하지 않아도 걸쭉함을 살릴 수 있습니다.

『주부의 벗』 1942년 11월호.

# 단백원을 결집시켜라!

## 오늘도 내일도 오징어 요리?

1942년의 레시피를 들여다보자.

식생활에서 주식에 버금가게 중요한 것은 육류, 생선류, 달걀, 대두 식품 등의 단백원이다.

가장 선두에 선 것은 육류다. 미일 개전 이전부터 육류를 먹는 것은 사치라고 여겼다. 1940년 무렵부터 각지에서 매월 2회 '고기 없는 날'을 정해서 이 날은 정육점이 휴업하고, 레스토랑이나 식당에서도 고기 메뉴를 내지 못하게 했다. 배급제가 시행되었어도 육류 배급은 한 달에 한 번. 1인 10돈<sup>37그램</sup>으로 양도 매우 적어서 먹으나 마나했다. 달걀 배급은 2인 1개. 그것도 분말 형태의 '건조란'으로 대체되었다. 한 시간 반을 물에 불리고 절구에 찧어야 겨우 먹을 수 있었다.

상황이 이러하자 주 단백원은 어패류가 되었다. 그마저도 충분하지 않았다.

어패류의 배급은 3~4일<sup>때로는 6일</sup>에 한 번. 육류에 비해 배급날이 자주 돌아왔지만, 생선가게 앞에 몇 시간이고 줄을 서야 손에 넣을 수 있는 생선은 1인 1일 20~30돈<sup>75~112그램</sup>. 멸치 같은 크기가 작은 어류는 1인당 1~3마리, 토막으로 치면 5인 3토막 정도다.

종류도 제한되었다. 전시기 레시피에 등장하는 어패류의 챔피언은 바로 오징어였다.

"단백질 섭취는 근해에서 잡히는 오징어 정도로, 오늘도 내일도 오징어만 먹어대서 마을 사람들은 공동취사를 일컬어 '오징어 취사'라고 불렀다."『별책 중앙공론 2 부모가 아이에게 남기는 전쟁 기록』고 한다.

오징어는 1930년대 후반에 어획고가 급속히 늘었던 식재료이다. 석유발동기를 갖춘 동력선이 등장해 먼 바다까지 나갈 수 있게 되면서 어장이 풍요로워진 탓이다. 1940년 어획고는 약 17만 톤. 이 해부터 점차 감소하여 패전 직후에는 10만 톤까지 떨어졌다. 그런데 오징어만큼은 일본 해안이나 태평양 일대에서 풍부하게 잡혀서 전후 식량난 해결에 도움을 주었다. 전후의 식량난 시대에는 오징어잡이 배가 급격히 늘어나 어획고가 전시의 5배 이상 뛰어올랐을 정도다. 오징어는 바야흐로 기대를 한 몸에 받는 단백원의 보고로 자리잡았다.

전시기에는 냉동기술이 발달하지 못한 탓에 회로 먹을 수 있을 만큼 신선한 오징어를 손에 넣기 힘들었다. 전시기 해산물 요리는 모두 익혀 먹는 게 기본상식이었다. 5인 2마리가 기준이었으니 오징어 조리법은 가능한 많은 사람이 나누어 먹을 수 있도록 고안되었다. 넓게 펴서 작게 자르거나 다져서 완자처럼 만들어 먹곤 했다. 내장도 물론 버리지 않고 다음과 같이 알뜰하게 먹었다. "불에 익힌 후, 간장, 소금, 설탕 등으로 기호에 맞게 간을 해서 배추나 푸른잎 채소를 데친 것과 버무려 먹으면 아주 맛있게 먹을 수 있습니다. 또, '이리'는 살짝 데쳐서 국물 요리나 된장국 건더기로 사용하면 좋습니다."『부인의 벗』1942년 2월호

말린 오징어나 얇게 저민 가미 오징어를 배급하는 경우도 많아서 비상식량으로 요긴하게 활용되었다.

## 고기처럼 즐기는 껍질 벗긴 조갯살 '무키미'

해산물 중 또 하나 눈에 띄는 것은 '무키미剝身'라는 식재료이다. 이것은 껍질 벗긴 조갯살을 가리키는 것으로 원래는 바지락을 일컫는 말이었다.

"우리는 예로부터 조개의 본고장으로, 지금도 무키미만큼은 비교적 자유롭게 손에 넣을 수 있습니다. 무키미 튀김은 다들 좋아하실 텐데, 재료가 부족할 때는 덮밥으로 만들어 먹습니다. 덮밥으로 만들면 5인분은 너끈하므로 경제적입니다"『주부의 벗』 1942년 9월호라는 당시 기사를 보더라도 대중적인 식재료라는 것을 알 수 있다. 조개의 가장 큰 장점은 해안 근방에서 손쉽게 채집할 수 있다는 점이다. 조몬繩文시대의 패총을 떠올려 보면 알 수 있듯, 섬나라 일본은 예로부터 큰 어망이 필요 없는 조개류를 통해 동물성 단백질을 섭취해 왔다.

먹을 게 없을 때는 조개가 구원투수. 껍질을 벗겨 배급한 것은 수송 시 무게를 줄이기 위함이었다. 무게가 아닌 체적割 단위로 계산했으며, 지역에 따라 말린 조개일 때도 있다. 조개는 부패하기 쉬운 단점이 있는데 건조시키면 장기 보관도 가능하다.

바지락, 대합, 재첩과 같은 손쉽게 구할 수 있는 조개를 비롯해 개량조개나 키조개 등은 지금도 껍질을 벗겨서 유통되고 있다. 여기에 소라, 물레고둥에 이르기까지 무키미의 종류는 그야말로 무궁무진하다. 평소 먹지 않던 해수처나 담수처에 서식하는 조개류까지 더하면 그 종류는 훨씬 많을 것이다. 조개까지 닥치는 대로 먹었을 가능성이 높다. 예컨대 전쟁 전 도쿄만이나 오사카만에는 홍합·지중해담치와 유사한 이가이貽貝가 어마어마하게 서식했다. 평소 상품성이 없던 조개류도 각광받는 시대가 도래한 것이다.

따로 손질할 필요가 없는 '무키미'를 주부들도 환영했다. 그러나 손쉽게 요리할 수 있는 대신 맛이 없었던 탓에 조개의 맛을 살린 요리에는 적합하지 않았다. 고심 끝에 카레라이스나 스튜 등에 고기 대용으로 넣어 단백원을 보충하는 역할이 주어졌다. '대합 ○○', '키조개 ○○'와 같이 요리명이 붙은 것도 있지만 있지만, '무키미라면 어떤 종류든 상관없어요'라는 식의 설명이 주를 이뤘다. 용도는 대부분이 육류 대용. 오징어까지 으깨서 고기 맛으로 변신시켰다고 하니 설령 맛이 좀 없더라도 씹는 즐거움 만큼은 양보할 수 없었던 모양이다.

### 메자시 가바야키, 상어 스테이크

어류의 선두주자는 단연 정어리다. 어획고가 가장 높은 어종이며, 사료나 비료 등 활용도도 높았다. 때문에 전시기 단백원의 유망주로 부상하게 되었고, 후생성과학연구소 직원들도 영양가 선전에 여념이 없었다.

"정어리와 꽁치는 푹 익히면 뼈까지 맛있게 먹을 수 있습니다. 아니면 가루를 내어 콩가루나 깨소금에 버무리거나 된장국에 넣어 먹으면 좋습니다. (…중략…) 정어리는 비타민A와 D가 풍부하며 내장의 영양소는 육류의 몇십 배나 됩니다. 그 외에도 B1과 B2를 다량 함유하고 있어 내장은 완전 식품이라고 할 수 있습니다. 여러분 부디 정어리, 꽁치를 비롯해 니보시煮干:삶아 말린 것, 스보시素干:그늘에서 말린 것, 다타미이와시畳鰯:정어리 새끼를 통째로 김처럼 붙여서 말린 포, 까나리, 말린 건어물 등을 많이 이용해 주세요. 마루보시丸干:통째로 말린 것나 메자시目刺:정어리 따위의 눈을 짚이나 나무로 꿰어서 말린 식품가 새 고기나 도미 등에도 유용하게 사용될 수 있다는 것을 알아두시기 바랍니다"후생성 과학연구소 기사 겸 후생기사 의학박사 하라 데쓰이치(原徹一),『부인구락부』1941년 12월호라며 적극 권장했다.

위의 글에서도 알 수 있듯이 '이와시'는 꼭 생물만은 아니었다. 레시피에 '이와시 ○○'라는 요리명으로 기술하고 있지만, 실제로는 메자시, 마루보시, 시라스보시, 니보시 등 다양한 가공이 들어간 경우가 대부분이었다. 덧붙이자면 말린 도미, 미림보시みりん干し : 잔 생선을 간장·설탕을 섞은 미림에 담갔다가 말린 식품, 보리새우나 다시마 조림 등을 응용한 요리도 등장했다. 자고로 건어물은 그대로 구워 먹는 게 가장 맛있는 법. 굳이 물에 불려 다시 조리한 것은 왜일까?

이유는 간단하다. 양을 늘리고 맛에 변화를 주기 위한 것. 양을 늘려 며칠이라도 더 먹을 수 있게 되자 '말린 건어물 요리'의 수요도 증가하게 되었다.

정어리, 고등어, 전갱이, 꽁치, 가자미, 연어 등 다양한 생물 생선이 식탁에 올랐지만, 그것도 1941년까지였다. 1942~43년에 이르면 총칭해서 '생선'이라고 표기하는 레시피가 많아진다. 무엇이든 좋으니 손에 넣은 생선을 사용하라는 의미이다.

어종을 특정한 레시피로는 상어가 눈에 띈다. 상어는 선도가 떨어지면 암모니아 냄새가 많이 나서인지 전쟁 전에는 어묵처럼 으깨 만든 제품이 주로 유통되었다. 지금처럼 반찬용으로 토막을 내어 판매하는 것은 전시 배급이 시작되면서다.

대가족의 배를 채우기 위해 생선 몇 토막, 작은 생선류를 손질해서 상에 올리기까지 주부들의 수고로움은 컸다. 거기다 배급을 받기 위해 몇 시간 씩 줄까지 서야 했으니 말이다.

고작 메자시 한두 마리로 칼슘을 섭취해야 하는 것은 그렇다 하더라도 단백원으로 삼기에는 턱없이 부족한 양이었다. 그런 와중에도 근대 영양학을 응용해 "성장기 어린이들에게는 가능한 동물성 단백질을 섭취할 수 있도록 대책을 마련해야 합니다. 생물 생선이 없다면 소금으로 간해서 말린 생선이나 쓰쿠다니 등을 요령껏 활용해 볼 생각입니다"『주부의 벗』1942년 11월호라는 식의 아이디어도 등장했다.

거기다 당시 가정에는 냉장고가 보급되지 않았다. 한 번에 배급받은 비슷비슷한 맛의 어패류를 3~4일 동안 보관하며 요리법도 이리저리 궁리해야 했으니 골치깨나 아팠을 터다.

### 생콩가루와 콩비지

대두는 어패류와 함께 주요 단백원으로 일찍부터 주목 받았다. 요즘 흔히 보는 두부나 낫토 형태가 아닌 보다 다양한 방식으로 섭취했는데, 주로 '생콩가루', '콩가루' 등의 정체를 알 수 없는 분말과 두부를 만들고 남은 것을 이용한 콩비지 등이 레시피에 등장했다. 생콩가루는 볶은 대두를 분말로 만든 '기나코콩가루'가 아닌 글자 그대로 '생대두' 가루였다.

"전시하 가정 식품으로 생콩가루라는 경제적이고 영양소가 풍부하고 맛까지 겸비한 새로운 식품이 나왔습니다. 대두가 영양이 풍부하다는 것은 모두들 알고 계시겠지만, 이 콩가루는 다양한 요리에 응용할 수 있으며, 달걀에 버금가는 영양소를 섭취할 수 있어 육군양말창糧秣廠 등에서도 적극적으로 장려하고 있습니다"시라이 쓰루코(白井鶴

子),『부인구락부』1939년 12월호라는 기술에서 보듯, 대용육으로 개발된 대두가 새로운 단백식품으로 각광 받았던 듯하다. 대두는 원래 식용유를 만드는 데 주로 사용되었다. 생콩가루의 정체는 탈지대두기름을 짜고 남은 대두 찌꺼기를 건조시킨 가루대두플라워 혹은 대두밀가 아닐까 한다. 평소에는 사료용이나 기껏해야 소시지 반죽의 찰기를 더하기 위해 사용되었는데 경제적이고 영양소가 풍부하다는 선전은 그렇다 치더라도 맛있다는 건 금시초문. 실제로 "생콩가루 그 자체로는 비린내가 심해서 먹을 수 없으니 일단 불에 한 번 볶아서 사용합니다"『부인구락부』1942년 12월호라는 기술에서 보듯, 질냄비에 볶아서 가루를 내거나 두유처럼 만들어 먹는 것이 일반적이었다. 빵 반죽에 섞어서 고로케나 민스볼 반죽에 찰기를 더하거나 튀김옷 등 밀가루를 대신하는 용도로 사용되었다.

정체를 알 수 없는 생콩가루에 비하면 콩비지는 보석 같은 존재였다. 밥을 짓는 데 넣거나 덮밥 위에 뿌리거나 햄버거에 넣어 찰기를 더해 주는 등 활용도가 매우 높았다. 두부와 함께 배급하는 지역도 있었으니, 아무튼 전시 레시피의 슈퍼스타 중 하나.

콩비지는 동물의 사료로 사용되는 등 특히 소홀히 하기 쉬우나 이것만큼 값싸고 영양소가 풍부한 식품은 없습니다. 때가 때이니만큼 이것을 반찬으로 널리 이용해 국책에 따르도록 합시다.

『부인구락부』1940년 3월호.

이런 식의 주장은 이미 옛 이야기. 콩비지는 이 무렵 단순히 중량을 늘이기 위한 부재료가 아니라 주재료로 그 지위가 격상되었기 때문이다.

평소에는 사료용이나 비료용이었던 재료까지 싹싹 긁어모아 단백질을 보충했음을 알 수 있다. 국민식영양기준이 정해지고 쌀만이 아니라 동물성 단백질을 적극적으로 섭취하자는 분위기가 이렇게까지 달아올랐던 것은 단백질 부족이 매우 심각한 상태였음을 드러내는 일이기도 했다. 조개나 생선을 빈번히 언급하던 것도 이 무렵까지였다. 1943년에 들어서면서 배급 양상이 변화하고 부식 레시피 자체가 줄어들게 된다.

고구마나 호박을 배급 받기 위해 채소가게에 모여든 사람들(오사카).

## 전시 식재료의 여왕 오징어 요리

### 오징어와 껍질 벗긴 완두를 얹은 덮밥

오징어와 껍질 벗긴 완두을 조합한 상큼한 계절 덮밥입니다. 덮밥 그릇에 담아내면 밥양도 적당하고 두 번 세 번 밥을 푸지 않아 손도 덜 수 있습니다. 대가족에게는 더없이 좋은 요리입니다.

재료는 5인분으로 오징어 2마리, 껍질 벗긴 완두콩 2합<sup>360cc</sup>, 김 약간.

오징어는 다리를 잘라내고 몸통을 반으로 갈라<sup>다리는 따로 준비</sup>, 껍질을 깨끗이 벗긴 후 한 입 크기로 자릅니다. 설탕 작은술 2개, 간장 큰술 5개, 요리술이 있으면 2술 정도 섞어서 살짝 졸인 소스에 잠시 재워둡니다. 이것을 석쇠에 2~3회 소스를 앞뒤로 잘 발라가며 풍미를 살려 구워줍니다.

완두는 껍질을 벗겨 육수에 넣어 삶아 준비합니다. 진하게 우려낸 국물에 준비한 오징어를 넣고 갈분가루나 전분가루를 물에 풀어 넣고 걸쭉하게 마무리합니다. 갓 지은 밥과 함께 덮밥용 그릇에 담아 김가루를 뿌려 먹습니다.

오사카 미요 지즈루<sup>美世千鶴</sup>, 『주부의 벗』 1942년 5월호.

### 오징어말이 튀김

달걀 2개에 중간 크기의 오징어 3마리면 5~6인 가족이 마음껏 즐길 수 있습니다.

오징어는 껍질을 벗기고 배를 갈라 절구공으로 두들기거나 부엌칼로 잘 저며줍니다. 이 안에 오징어 다리와 껍질 벗긴 완두와 당근, 파, 죽순 등 여러 채소를 잘게 썰어 넣고<sup>오징어 양의 반 정도</sup> 섞어줍니다. 밀가루 적당량을 넣고 소금으로 간합니다.

달걀은 잘 풀어 1할 정도의 물과 소금 한 자밤을 넣습니다. 기름을 두른 프라이팬에 얇게 부쳐내어 도마 위에 펼친 다음 밀가루를 뿌리고 갈아 놓은 오징어를 깔아 끝에서부터 말아줍니다. 끝 부분은 물에 푼 전분가루를 발라 마무리합니다.

그리고 2~3개의 꼬치로 고정시킨 후 찜통에 넣고 7~8분 찐 후 잘 익으면 꺼내어 프라이팬에 기름을 살짝 두르고 굴려가며 바싹하게 구워 줍니다. 1.5cm 두께로 잘라 접시에 담아내고 국화꽃 등으로 장식합니다.

달걀 1개에 생콩가루 큰술 하나와 물 큰술 하나 반을 섞으면 달걀이 절약됩니다. 오징어 대신 상어를 사용해도 좋습니다.

오징어 유부말이, 갈분 소스 버무림은 오징어말이 튀김과 속은 같으나 달걀 대신 유부로 말고, 쪄낸 것을 곱게 썰어 갈분 소스를 걸쭉하게 얹어서 일본식으로 맛을 냅니다. 나이 드신 분들에게 인기가 많습니다.

곤도 후지近藤富士, 『주부의 벗』 1942년 4월호.

## 무키미 요리

### 조갯살과 토란 카레라이스 ─────────────

조갯살에 토란, 곤약, 당근, 파 등 평범한 재료로 맛있는 카레라이스를 만들어 보겠습니다. 감자 대신 토란을 사용합니다.

조갯살은 모시조개나 대합을 사용해도 좋습니다. 5인분에 1합180cc 정도가 필요합니다. 토란은 껍질을 벗겨 잘게 썰고 곤약은 밥그릇으로 한 입 크기로 자릅니다.칼로 썬 것보다 양념이 잘 스며듭니다. 파와 당근도 적당한 크기로 잘라둡니다.

속이 깊은 냄비에 넉넉하게 기름을 두르고 단단한 재료 순으로 볶아 물을 잠길 정도로 부어 약한 불에 천천히 익힙니다. 생선살은 오래 볶으면 질겨지므로 채소를 다 익힌 후 간하기 직전에 넣으면 부드럽고 맛있습니다.

여기에 카레 풍미를 더하도록 합니다. 토란의 끈기로 걸쭉해져 있으니 카레가루어느 제품이든 상관없습니다를 재빨리 물에 풀어 넣고 소금과 후추로 간을 맞춥니다.

세가와 다에코瀬川妙子, 『주부의 벗』 1942년 3월호.

**구즈니**葛煮 : 재료에 전분을 발라서 찌거나 국에 녹말을 풀어 끓인 요리 ──────────

**재료**5인분
조갯살 2합360cc, 배추 1/2 포기, 파 2뿌리

**응용재료**

조개류 대신 말린 대구나 멸치 · 청어 · 은어 따위의 치어를 사용해도 좋습니다.

채소는 양배추, 콩나물, 당근, 표고버섯 등.

조갯살과 양배추가 잘 어우러져 어른 아이할 것 없이 모두가 좋아하는 반찬입니다.

조갯살 종류는 어떤 것이든 좋습니다. 조갯살을 소쿠리에 담아 엷은 소금물로 가볍게 흔들어가며 씻어준 후 물기를 털어냅니다. 양배추가 있으면 좋고, 없으면 집에 있는 갖은 채소를 적당한 크기로 썰어 기름에 살짝 볶아냅니다. 양배추에서 수분이 충분히 나오면 거기에 조갯살을 넣고 한 번 더 볶은 후 채소가 푹 익으면 소금과 후추로 간을 하고 마지막에 녹말을 풀어 넣습니다. 기호에 따라 시치미나 고춧가루를 뿌려 먹습니다.

하타 유리코秦百合子, 『주부의 벗』 1942년 11월호.


## 메자시도 요리 재료로

**가바야키**蒲焼 —————————————————————

정어리를 물에 불린 후 뼈를 발라냅니다. 물기를 빼고 양면에 버터를 발라 굽고 밀가루 혹은 전분가루를 뿌려줍니다. 두 마리당 큰술 1개 분량의 간장과 물, 1/2 분량의 설탕을 넣고 육수를 가미하여 프라이팬에 졸여줍니다. 장어맛이 나는 맛있는 요리로 완성됩니다.


**센바지루**船場汁 —————————————————————

물에 불린 정어리를 3등분으로 잘라 냄비에 다시마를 넣고 정어리가 튀지 않도록 조심하면서 보글보글 끓입니다(다시마는 끓어오르면 건져 냅니다). 무는 보기 좋게 잘라 메자시 하나당 100그램 정도를 함께 졸입니다. 소금과 간장으로 간을 하고 마지막으로 한 그릇당 식초 작은술 1/4을 넣어주세요.

**파말이 튀김**葱巻きフライ ━━━━━━━━━━━━━━

두툼한 파 흰 부분을 손가락 두 마디 정도로 자르고 안에 심을 제거하고심은 다음날 된장국 끓

일때사용, 그 안에 4등분한 정어리를 넣고 말아 줍니다. 4개씩 꼬치에 끼워 튀겨줍니다.

사와사키 우메코澤崎梅子, 『부인의 벗』 1942년 2월호.


## 상어도 고기 대용?

### 상어 약식 스테이크 ━━━━━━━━━━━━━━

상어라고 하면 꺼림칙하게 여기는 분께도 자신 있게 권하는 일품요리입니다.

상어에 굵은 소금을 치고 생강 간장을 잠기도록 넣어 두 시간 동안 재워둡니다.

프라이팬에 기름을 넉넉히 두르고 준비한 상어를 두 겹으로 만들어 그 사이에 3cm

정도로 자른 파를 촘촘히 채워 넣은 후, 뚜껑을 덮고 중불에 익혀줍니다. 표면이 노릇

노릇해지면 졸인 양념을 골고루 발라줍니다. 양념이 충분히 스며들 때까지 쪄줍니다.

먹음직스럽게 윤기가 도는 것이 식욕을 자극하며, 생강의 풍미와 파의 단맛이 어우러

가격 조정을 위해 쓰키지(築地) 어시장을 시찰하는 후지와라(藤原) 상공대신

져 훌륭한 맛을 냅니다.

## 상어 소보로 덮밥 ─────────────────────────────

잘게 자른 상어를 간장과 설탕에 자작자작하게 졸여주면 살이 부서져 마치 간 고기처럼 포슬포슬해집니다. 밥 위에 얹고 잘게 채친 생강을 올리면 아이들이 고기보다 맛있다며 잘 먹습니다.

나리사와 스미에成沢須美江, 『주부의 벗』 1942년 9월호.

# 생콩가루 이용법

생콩가루는 비린내가 나니 두유로 만들어 드세요. 젤리로 만들어도 맛있고, 가루로 사용할 경우 살짝 볶아 먹으면 좋습니다. 두유를 만들고 남은 찌꺼기는 두부찜을 해먹거나, 오하기おはぎ : 멥쌀과 찹쌀을 섞어 쪄서 가볍게 친 다음 동그랗게 빚어 팥소나 콩가루 등을 묻힌 떡로 만들어 먹어도 좋습니다. 다양한 방법으로 맛을 내보세요.

## 두유 만드는 법 ───────────────────────────────

콩가루 한 컵을 같은 양의 물에 풀고, 콩가루 약 5배 분량의 물을 끓입니다. 물이 끓어오르면 물에 푼 콩가루를 한 국자씩 떠 넣습니다. 얼마 안 있으면 끓어오르면서 거품이 일게 됩니다.

두부를 만들 때는 흘러넘치지 않도록 중간중간 물을 넣어주면서 거품을 제거합니다. 두유를 만들 경우는 물을 너무 많이 넣으면 맛이 옅어지므로 국자를 사용해 거품을 걷어 내도록 합니다. 콩 비린내가 없어질 때까지 끓인 후, 거름망에 넣어 짜줍니다.

소량일 경우 정사각형 천을 사용하면 쉽게 짤 수 있습니다.

도쿄 도모노카이 식사연구부 사와사키 우메코,<br>『부인의 벗』 1942년 9월호.

## 콩비지 덮밥

두부 배급일에는 집집마다 콩비지로 만든 덮밥이 식탁에 오릅니다. 쌀을 아낄 수 있는 최고의 방법인데다 손쉽게 만들 수 있어 경제적입니다. 가게 주인들에게 평판이 매우 좋은 요리입니다.

콩비지는 5전만 있으면 10인분 정도 만들어 낼 수 있습니다.

큰 냄비에 기름 두 큰술을 두르고 콩비지와 어울리는 재료<sup>파, 강낭콩, 당근, 유부, 곤약 등</sup>를 잘게 썰어 함께 볶습니다. 간장과 설탕으로 간을 하고, 여기에 술을 조금 넣어 주면 풍미가 깊어집니다.

덮밥용 그릇에 밥을 담고 그 위에 콩비지를 듬뿍 얹어 드세요. 김가루가 있으면 금상첨화. 자칫 목이 멜 수 있으니 시원한 맑은 장국을 곁들이도록 합니다.

구리모토 히사코<sup>栗本久子</sup>, 『주부의 벗』 1942년 9월호.

# 식량전을 이겨내자

## 전황의 악화와 배급의 악화

여성지 레시피는 상황에 따른 식량 사정을 매우 정확하게 반영한다. 1943년에 들어서면서 다시 '절미 시대'가 도래한다.

여성지의 분위기도 크게 변화했다. 페이지 수가 대폭 줄었고 컬러 페이지도 사라졌다. 요리 기사도 격감했다. 그 대신 이전에 비해 정신주의를 강조하는 설교에 할애하는 지면이 많아졌다. 요리 코너에는 '식량전'이라는 단어까지 등장했다.

그 배경에는 전황의 악화가 자리한다. 1943년 2월, 일본군은 연합군과의 소모전 끝에 과달카날섬을 방기했다. 5월에는 애투섬에서 옥쇄玉碎 : 일본 제국이 전 국민을 침략전쟁에 총동원하기 위해 사용하던 단어. 이른바 일억옥쇄. 이후 각지에서 옥쇄가 이어졌다. 패색이 짙어진 것이다. 태평양에서 제공권과 제해권을 잃은 일본은 고립되어 국외로부터 들여오는 물자는 기대하기 어려워졌다. 전지로 식량을 수송하는 배는 계속해서 침몰, 보급이 끊긴 전선에서도 기아 상태에 빠져들게 되었다. 정부는 '식량증산', '자급자족'을 외치는 형국이 되었고, 남성은 전지로, 여성은 군수산업에 매달리게 되면서 국내 식량생산량도 줄어들었다.

총후의 식생활로 시선을 옮겨 보면, 우선 배급이 지체되었다. 배급이 지연되거나 아예 안 되거나 하는 상황이 다반사였다. 바야흐로 배급만으로는 생활이 불가능한 시대가 도래한 것이다.

그렇다면 사람들은 어떻게 식자재를 확보했을까. 하나의 방법은 기차를 타고 농가로 가서 직접 구매하기. 또 다른 하나는 '야미ヤミ : 암거

래'라고 하여 비합법적 루트로 구하기.

1939년 10월에 가격등통제령이 시행된 이래 모든 물자는 정부가 정한 가격<sub>공정가격</sub>으로 거래하게 되었다. 야미라는 것은 이 공정가격을 어기고 물건을 매매하는 것을 말한다. 물론 불법이었고, 암거래를 하게 되면 공정가격의 몇 배, 때로는 몇십 배나 되는 가격을 물어야 했다. 경찰은 단속에 총력을 기울였으나 암거래를 하지 않는 사람이 거의 없을 지경이었다.

### 국책취사에 '난코메시'

여성지에 암거래 방법 같은 건 당연히 나오지 않는다(그럴 경우 바로 검열이 들어올 것이다).

이 무렵 여성지가 열심히 설파한 것은 앞서도 언급한 절미였다. 그런데 그것은 배급제도 이전의 절미와는 상황이 달랐다. 식민지와 국외에서 들여온 쌀로는 충당이 안 되었던 것이다. 이번에는 관민이 하나가 되어 본격적으로 시행했다.

이 시기 관제 절미법은 '국책취사'라는 이름으로 시행되었다. 이 방법으로 밥을 지으면 평소보다 밥양이 3배나 증가한다면서 정부가 나서서 권장했다.

이 방법으로 취사 후, 절미된 쌀의 양을 대략 계산해 보면 전국적으로 1년에 1천 7백만 석에 가까우니, 모쪼록 이 방법을 모든 가정에서 실행하여 외래미를 들여오지 않고 국내 쌀만으로 충당할 수 있도록 합시다. 그리하여 외래수송의 선력을 아껴 그 힘을 전쟁 방면으로 향하도록 해야 합니다.

여전히 탁상공론에서 벗어나지 못했으나 필사적이었다. 여성지도 국책취사에 호응이라도 하듯 밥양을 늘리는 취사법에 대해 연구했다. 그 하나의 예가 '이타메타키炒め炊き : 생쌀을 볶은 후 취사'다. 이는 무로마치室町시대1336~1573의 장군 구스노키 마사시게楠木正成가 개발한 취사법으로 '난코메시楠公飯'라고 부르기도 한다.

언뜻 보기에 많아 보이는 것 뿐, 칼로리나 영양가는 물론 맛도 없고 포만감도 오래가지 못했다. 그럼에도 한창 성장기에 있는 아이들이 올망졸망한 가정의 경우는 그만큼의 밥그릇을 채워야 했기 때문에 이 방법이라도 써야했다.


# 쌀과 우동의 아슬아슬한 줄타기

### 현미 시대의 놀랄만한 절미 재료 잡곡

이 무렵부터 전쟁이 끝날 때까지 기상천외한 절미 메뉴 퍼레이드가 이어진다. 우선 시선을 끄는 것은 죽. 이른바 '증량법'이다. 찬밥에 이것저것 넣어 끓이기만 하면 되는 죽에도 다양한 레시피가 등장했을 정도. 쌀을 증량하기 위한 눈물겨운 메뉴들.

죽을 피자처럼 굽거나 죽에 빵과 우동이나 밀가루를 넣은 것까지 등장했다.

그런데 말장난처럼 보이는 절미 죽까지 고안해야 했던 데에는 그럴만한 이유가 있었다. 쌀을 볶는 등 다양한 요리법이 동원되었는데, 거기에는 고기와 생선과 같은 단백원의 배급이 충분치 못했고, 부식을 이리저리 고안할만한 여유조차 갖기 어려웠던 사정이 자리한다.

또 하나는, 쌀의 질 문제. 배급미가 현미로 바뀌었다. 배급미는 정부의 통제하에 있었기 때문에 쌀의 질도 그때그때마다 달랐다. 소비자는 쌀의 질을 선택할 권리가 없었다. 정미의 정도도 마찬가지였다. 배급 초기 7분도 쌀이던 것이 1943년부터 5분도로, 얼마 후 겨 부분을 모두 남긴 현미로 바뀌었다. 도조 히데키東条英機 수상 측근의 제언에 따른 것이라는데, 건강을 위해 현미식 운동을 해야 한다는 명분을 내세웠지만 실제로는 쌀알이 조금이라도 벗겨져 나가는 것이 아까웠기 때문이라고 한다.

현미는 백미에 비해 비타민이 풍부한 반면 소화가 어렵다. 처음 먹을 경우 설사를 하기도 한다. 텔레비전이나 영화에서 현미 한 되를 병에 넣고 절구로 찧고 있는 모습을 본 적이 있을 것이다16쪽 권두 화보 참조. 가정에서도 손쉽게 현미를 만들어 먹었다.

## 쌀과 우동을 결합한 하이브리드 주식

현미라도 제대로 배급이 되기만 하면 괜찮다. 절미를 외쳐야 했던 가장 큰 이유는 배급미가 제대로 지급되지 못했기 때문이었다.

쌀에 잡곡이나 싸라기, 콩을 섞는 것은 당연한 일이 되었다. 식량제도와 관련된 법이 계속해서 만들어졌다. 예컨대, 1942년 여름에는 '주식'의 틀에 쌀과 함께 보리와 보리 가공품을 포함시켰고, 밀가루와 건면을 배급하도록 했다. 쌀 330그램1인당 배급량을 대신해서 건면으로는 375그램, 밀가루로는 350그램 식의 환산법이 적용되었다. 그뿐만이 아니라 건빵, 옥수수, 고구마, 감자, 대두와 같은 잡다한 '주식'의 배급도 빈번해졌다. 배급의 실태는 이미 처참한 지경에 이르렀지만, 싫든 좋든 애초의 대용식 범위에서 충당해야만 했다.

대용식 가운데 눈에 띄는 것은 우동이다. 그런데 이것도 죽과 마찬가지로 기묘한 메뉴가 많았다. 쌀과 우동을 함께 넣어 만든 원조 '소바메시'와 같은 메뉴를 비롯해, 우동건면을 애써 다시 물에 불려서 밀가루처럼 사용한 요리도 등장했다. 무슨 이유에서일까? 그 이유는 의외로 단순했다. 쌀이나 우동이나 밀가루나 사람 수대로 배급하기는 부족했지만 조금씩은 남기 마련이어서 쌀 대신 밀가루나 우동이 배급된 것이다.

한 냄비 안에 쌀과 우동을 넣고 대충 끓여 먹었던 것도 "손에 넣은 재료가 적으면 적은대로 그 안에 포함된 영양가를 잘 계산해서 매일 식탁에 잘 올려야 합니다"『주부의 벗』 1943년 8월호라는 식의 발상에서 나온 것이다.

주목할 것은, 이 무렵은 재료의 분량이 거의 제시되지 않는다는 점이다. 몇 그램, 몇 술과 같이 분량을 제시할 수 있었던 것은 그나마 재료를 자유롭게 손에 넣을 수 있던 평화로운 시대에나 가능한 레시피였던 것이다.

# 전지의 노고를 상기하자

## 부엌 결전

장기전이 되면서 국가와 국가의 총력전 중이라는 것이 우리의 일상생활에서도 생생하게 느껴지기 시작했습니다. 냄비 하나, 무 한 개가 직접 전쟁과 연결되며, 국가와 연결되어 있음을 이번만큼 피부로 느낀 적이 없습니다.

국가와 국민의 결전, 여기서 이겨야만 전쟁에서 이긴다 ― 지금은 이 말을 깊이 새겨야 합니다. 그 국민 생활의 결전에서 중심이 되는 곳은 바로 부엌입니다. 그 중요한 부엌을 맡고 있는 우리가 불평을 말하거나 비명을 지른다면 이미 전쟁에 진 것이나 마찬가지입니다.

『부인구락부』 1943년 1월호.

## 부엌 증산계획

남태평양 기지에서는 식량을 나르는 선박을 한 척이라도 병기 수송에 돌리고자 비저럼 쏟아지는 탄환 속에서도 밭을 일구고, 식량 자급자족에 힘쓰고 있다고 들었습니다. 적군 미국과 영국을 처부수기 위해서라면 그 어떤 곤경도 강경히 버텨내야 합니다. 그러한 각오는 우리들 주부에게도 이미 충분하다고 생각됩니다. 다만 자유가 없음을 견뎌내야 하고, 여기서 한 발 더 나아가 가정 내 식량증산까지 생각하지 않으면 안 됩니다. 빈터를 경작해 채소를 재배하는 것만이 아니라 지금 같은 경우는 주어진 재료 하나도 헛되지 않도록 하여 이를 다섯 배, 열 배 효과적으로 사용해야 합니다. 귀중한 부엌 증산이라고 말 할 수 있도록 말입니다.

『주부의 벗』 1943년 12월호.

암거래 단속 현장. 권총을 소지한 경찰의 모습이 눈에 띈다.

## 양을 늘리는 취사법

### 국책취사

쌀 1되1.8ℓ에 뜨거운 물 2되3.6ℓ의 비율로 밥을 짓습니다. 냄비에 뜨거운 물을 붓고 달궈진 상태에서 쌀을 씻지 않고 넣습니다. 큰 주걱으로 위아래로 잘 섞어 윗부분에 떠오른 불순물을 걷어내고 뚜껑을 닫아 둡니다. 재가열해서 끓어오르면 불을 줄입니다. 가스의 경우 반딧불 크기만큼 약하게, 탄화라면 콩알 크기 2개 정도의 화력에 맞추고 하단의 구멍을 막고 50분가량 놔둡니다. 뚜껑을 열어 표면 전체에 구멍이 듬성듬성 패인 게 보이면 다 된 것입니다.

전 외무차관 니시 하루히코, 『부인의 벗』 1943년 9월호.

### 현미를 볶아서 밥 짓기

식욕이 왕성한 성인 4인 가족의 절미 방안에 고심 중이었는데, 이것을 시작하고부터 1되의 쌀로 3되 정도로 부풀려 냄비 한가득 밥을 지을 수 있게 되었습니다. 쌀 부족 고민이 일거에 해소되었습니다.

**만드는 법**

물 조절은 현미 1되[1.8L]에 물 2되 5합[4.5L]. 강한 불로 바삭하게 볶은 현미에 물 2되[3.6L]를 붓고 하룻밤 재워둡니다. 다음 날 아침 뚜껑을 열어 보면 물을 한껏 머금은 현미 알갱이가 꽃잎처럼 몽글몽글 부풀어 올라 있을 겁니다. 거기에 5합[0.9L]의 물을 더 붓고 끓이면 구수한 밥이 완성됩니다.

시간적 여유가 있을 때 남은 불을 이용해 밥을 지어 두면 시간도 연료도 아낄 수 있습니다. 평소 볶은 쌀을 준비해 두면 비상시에 요긴하게 사용할 수 있습니다.

고토 사다코[後藤貞子], 『주부의 벗』 1944년 4월호.

## 현미 시대의 죽과 우동

### 낫토 죽 ─────────────────────

아키타 지방의 향토음식으로 낫토 향이 기가 막힙니다. 배급날을 기다리고 기다렸다 만드는 취향 저격 음식입니다. 2개 분량으로 5인분은 너끈히 만들 수 있습니다.

낫토를 잘 갈아서 된장국에 올려 먹거나 뜨거운 죽에 섞어서 기호에 따라 향신료를 뿌려 먹습니다. 열을 가하면 풍미를 잃게 되니 주의하세요.

낫토는 효모산이 풍부해 소화에 좋고, 아이들 성장에 필요한 비타민B를 풍부하게 함유하고 있습니다. 뿐만 아니라 단백질, 지방 등도 육류 못지않습니다.

모리야 반손[守屋磐村], 『주부의 벗』 1944년 4월호.

### 스튜 죽 ─────────────────────

배급육의 지방 부위와 집에 있는 다양한 채소로 스튜를 만들고 그 안에 우동과 찬밥을 넣어 끓인 것. 소금과 후추로 간을 하면 맛있게 드실 수 있습니다. 기호에 따라 카레나 토마토 맛을 가미해 보세요.

하야시 사에코[林冴子], 『주부의 벗』 1943년 12월호.

## 서양식 옥수수밥

말린 옥수수 알갱이를 살짝 갈아 물을 넉넉히 붓고 삶아냅니다<sup>삶은 물도 따로 사용 가능</sup>. 밀가루를 넣어 걸쭉하게 끓여 소금, 후추로 맛을 냅니다. 밥 위에 가득 올려 먹거나, 우유와 곁들여 먹으면 맛도 영양도 만점입니다. 옥수수는 구워 먹어도 맛있고, 절미에도 도움이 되지만 소화가 잘 안 되니 가능한 삶아서 요리해 주세요.

마쓰이 히데요<sup>松井秀世</sup>, 『주부의 벗』 1943년 8월호.


## 야키 오지야

고구마나 빵 모서리 부분을 사용합니다. 오지야<sup>おじや：여러 가지 재료를 넣고 된장, 소금 등으로 간을 맞</sup><sup>춘 죽</sup> 안에 넣고 밀가루를 조금 가미해 살짝 걸쭉하게 반죽합니다. 프라이팬에 기름을 두르고 오지야를 1센티 정도의 두께로 펴서 굽습니다.

여기다 대파<sup>없으면 양파도 가능</sup>를 가늘게 채 썰고 소금으로 간을 해 오지야 위에 올려 노릇노릇하게 구워냅니다.

다 구워졌으면 과자처럼 잘라 접시에 예쁘게 담아내면 점심 식사로도 좋고, 아이들 간식으로도 좋습니다.

미야기 다마요<sup>宮城たまよ</sup>, 『부인의 벗』 1942년 12월호.


## 우동 된장 죽

다시용 니보시 10마리 정도와 집에 있는 채소를 듬성듬성 잘라 물을 넉넉히 붓고 보글보글 끓어 오르면 그 안에 잘게 자른 우동을 넣고 면발이 부드러워지면 된장을 적당히 풀어 넣습니다. 거기에 찬밥을 풀어 넣고 한소끔 끓입니다.

기타가와 게이조<sup>北川敬三</sup>, 『주부의 벗』 1943년 9월호.


## 우동야키

우동을 잘게 잘라 반나절 이상 물에 불렸다 으깨 줍니다. 그 안에 밀가루나 집에 있는 갖은 채소분말과 고구마, 감자 등을 강판에 갈아 섞어 주고 소금, 후추, 카레가루 등으로 간을 합니다. 프라이팬에 오코노미야키처럼 구워 줍니다.

양념된장이나 치어류 조림을 곁들이면 단백질 보충은 물론 맛과 영양 모두 챙길 수 있습니다.

나카가와 기요노中川清野, 『주부의 벗』 1943년 12월호.

# 똑똑똑 문을 활짝 열어요 공동취사

## 얼마 안 되는 재료로

배급생활이 몇 년이나 계속되자 식생활에도 크고 작은 변화가 일었다. 어중간한 양의 배급물자를 유효하게 사용하려면 어떻게 해야 했을까? 이를 타개하기 위해 고안해낸 것이 공동취사였다. 재료를 취합, 취사를 당번제로 하여 몇 세대가 식사를 함께하는 것이다. 공동취사의 장점은 여럿 있다.

    ○ 배급 재료를 허비하지 않는다.

    ○ 취사에 사용되는 시간을 절약할 수 있다.

    ○ 한 번에 끓이면 연료도 절감된다.

이러한 장점 때문에 정부도 공동취사를 적극 권장했다. 특히 일손이 부족한 농촌에서는 공동취사가 절실해서 도시의 여학생들이 취사를 돕기 위해 지방으로 향했다. 이른바 '농촌 보국'이다.

그런 상황에서 여성지도 매번은 아니지만 공동취사를 권장하는 기사를 게재했다.

공동취사에 특히 적극적이던 것은 『부인의 벗』이다. 전국에 '도모노카이友の会'를 조직해 전쟁 전부터 주부들의 사회참여를 촉구해 왔던 『부인의 벗』은 가사의 합리화, 공동화라는 문구를 내세워 공동취사協力炊事·협력취사를 처음 제창한 잡지이기도 하다.

아래에 소개한 것은 『부인의 벗』에 실린 공동취사 메뉴들인데, 1940

년 요리는 아직 식자재가 배급제로 이행되기 전이었던 것도 있어 재료가 다채롭다. 이마저도 해를 거듭하면서 점점 빈약해져 갔다.

### 덴엔초후·에코다·네리마미나미초의 사례

공동취사는 주 3~4회, 저녁만 하는 경우가 많았다. 이것만으로도 주부들의 일손이 크게 줄었다. 분량은 서너 가족 15~20인분 가량.

이보다 인원이 많을 경우는, 카레, 돈지루豚汁:돼지고기를 넣은 된장국, 어묵국 등 재료를 한꺼번에 넣어 끓이는 식의 요리가 자주 상에 올랐다. 튀김이나 무침요리, 마제고항 등도 공동취사 요리로 권장되었다.

다만, 재료 부족이 심각할 경우는 아래와 같이 기교를 부린 요리는 불가능했다.

「협력취사 지침서」『주부의 벗』1943년 10월호에는 도쿄에서 공동취사의 실제 사례를 소개하고 있다. 당시의 메뉴 하나를 소개해 보자.

○ 덴엔초후田園調布 공동취사 메뉴9월6일

오징어포와 채소 소금간 조림선물로 받은 오징어포, 배급받은 감자, 직접 재배한 호박과 양파, 오이무침배급받은 오이

○ 에코다江古田 공동취사 메뉴9월7일

카레라이스배급받은 조개, 호박, 감자, 가지조림배급받은 가지와 양파, 소금다시마집에 있던 잘게 자른 다시마

○ 네리마미나미초練馬南町 공동취사 메뉴9월5일

감자볼배급받은 감자, 콩비지, 직접 기른 강낭콩, 우엉, 소금간으로 무친 오이배급받은 오이와 양하직접 재배한 양하

아쉽게도 레시피는 남아 있지 않지만, 배급 식자재 외에도 직접 재배한 채소와 누군가의 집에 남아있던 재료, 누군가에게서 얻은 재료 <sub>이 경우는 공정가격을 지불할 것을 권장함</sub> 등을 활용해서 식사를 준비하고 있는 모습이 흥미롭다.

## 마주한 세 집이 이웃三軒両隣, 군대화?

공동취사도 좋은 면만 있었던 것은 아니다. 공동취사가 활성화될 수 있었던 배경에는 '도나리구미隣組'라는 제도가 자리한다. 도나리구미란 국민통제의 일환으로 1938년에 생겨나 40년에 제도화된 조직이다. '마주한 세 집이 이웃'이라는 표어를 내세워 열 집 정도를 하나의 단위로 삼아 조나이카이町内会:지역 주민의 자치 조직의 보조 역할을 담당하게 하였다. 언뜻 이웃 간의 훈훈한 정을 떠올릴지 모르나 실상은 행정말단조직 역할이 부여되었다. 사생활을 감시당하고, 회합隣組常会:도나리구미조카이 출석을 강요당하고, 봉사활동 필수에 연대책임을 져야 하는 석연찮은 제도였다.

방화훈련, 근로봉사, 금속공출, 국민저축 장려 등 총력전을 위한 활동은 모두 도나리구미 단위로 전개되었다. 가정의 조직화 혹은 가정의 군대화라고도 할 수 있다(공동취사도 군대식 취사법의 일종이다).

그러나 아무리 싫어도 도나리구미를 벗어나 생활하는 것은 불가능했다. 배급일을 비롯해 생활에 관한 모든 정보가 도나리구미를 통해 회람판에 공지되었기 때문이다. 또한, 배급표도 도나리구미를 통해 전달되었다. 줄 서는 시간을 줄이기 위해 배급물자도 도나리구미 단위로 구입하는 경우가 많아졌다. 1942년 11월 자 도쿄의 청과물 판매

상황을 보면, 도나리구미 일괄 구입이 4할, 세대 별 구입이 6할이었다. 도나리구미에 협조적이지 않으면 배급을 받을 수 없었던 것이다.

이웃과 매끼를 함께 해야 했으니 크고 작은 다툼도 적지 않았을 것이다. 〈도나리구미〉라는 제목의 노래도 유행했는데, 가사를 바꿔가며 여러 버전으로 즐겼다고 한다. 당시 이웃 간의 분위기를 엿볼 수 있어 흥미롭다. 그러나 전쟁도 막바지로 치달아 가면서 그런 기분에 사로잡히는 것조차 사치가 되었다. 패전 해인 1945년의 메뉴는 더 이상 요리라고 부르기 어려운 상황이 되었다. 불과 4년 전 레시피와 크게 달라졌다. 다음 장에서 구체적으로 다루겠지만 이것은 모든 것이 불타버린 곳에서의 비상 취사 메뉴이다. 공동취사도 막다른 곳까지 내몰렸던 것이다.

# 쇼와 15년의 공동취사 메뉴

## 보리 채소 스프 ──────────────────

복합적인 맛이 나는 맛있는 스프를 만들 경우 다양한 재료가 필요합니다. 그것을 집집마다 갖추려면 힘들지만 협력 식사일 경우는 쉽게 만들 수 있습니다.

고기는 요리 중간에 반 정도 건져 냈다가 다음 날 요리에 사용하세요. 머핀이나 빵을 주식으로 삼으면 맛있는 절미 메뉴가 됩니다.

**재료**10인분, 1인당 약 12전

소고기 하치살 160근600g, 베이컨 25근90g, 양파100근370g, 당근 200근750g, 순무 큰 것 20개, 생표고버섯건표고버섯도 가능 20개, 셀러리 4개, 노란강낭콩 40근150g, 납작보리 3합540cc, 소금 큰술 4~5개, 간장 큰술 1개, 버터 15근50g.

소고기 두 덩어리6mm를 깍둑썰기, 소금후추를 뿌리고 베이컨은 잘게 썰어 약불에 볶습니다. 기름이 스며 나오면 불을 강하게 하고 소고기를 넣은 후 고소한 향이 나고 노릇한 색이 날 때까지 볶습니다. 잘게 다진 양파를 넣고 볶은 후 1인분에 1합180cc의 물을 넣고(증발되는 분량까지 계산해서 20인분이면 2되 3합4.1L을 넣습니다) 끓여 줍니다. 다 끓으면 갈색 불순물이 올라오는데 잘 걷어 내야 합니다. 불을 줄이고 1시간 동안 국물을 우려냅니다.

그리고 남겨 두었던 고기 반 덩어리는 내일 감자조림에 이용합니다.

보리는 잘 씻어서 물에 불려 둡니다. 채소는 껍질째 전부 칼집을 넣어고기보다 작은 크기로 썰어 둡니다. 당근, 무청, 표고버섯 약간을 버터로 잘 볶아 단단한 것부터 스프에 넣습니다납작보리는 당근과 함께. 강낭콩은 나중에 각각의 그릇에 담을 수 있도록 파랗게 데쳐 둡니다.

채소를 넣은 후 거품을 잘 걷어 주세요. 소금으로 간을 하고 마지막에 간장을 조금 더해서 맛을 냅니다.

## 당번 일기

보리 스프가 어떤 음식인지 몰라 모두가 처음 맛보았다. 영양이 듬뿍 든 스프라 모두가 맛있게 드셨습니다. 고구마를 볶아서 찐빵이나 머핀에 곁들여 드시면 절미에 큰 도움이 됩니다.

자유학원 소비조합 식사부 나이토 도시코<sup>内藤敏子</sup>, 『부인의 벗』 1940년 6월호.

# 쇼와 16년<sup>1941</sup>의 공동취사 메뉴

## 달걀 양배추롤

### 재료<sup>15인분</sup>

달걀 15개, 양배추 2관, 당근 600g, 소금 큰술 3개, 토마토 소스 작은 것 1개.

달걀은 삶아서 껍질을 벗깁니다. 뜨거운 물에 살짝 데친 양배추 2장에 각각 달걀 하나씩을 말아줍니다. 당근은 적당히 잘라 버터로 볶아 뜨거운 물을 붓고 그 안에 양배추에 말아 놓은 달걀을 넣고 소금간을 한 후 끓입니다.

두 개로 썰어 접시에 올린 후 토마토 소스를 뿌려 멋을 낸 아름다운 요리입니다.

자유학원 졸업생 공동연구, 『부인의 벗』 1940년 7월호.

## 하타케노야도가에<sup>畠の宿がえ</sup>

### 재료<sup>15인분</sup>

양배추 1관 500g, 당근 600g, 순무 750g, 가지 600g, 감자 900g, 호박 600g, 토마토 300g, 국물용 닭뼈 적당량.

채소를 큼직큼직하게 썰어 닭뼈로 육수를 낸 스프 안에 넣고 1시간 30분 동안 푹 삶아 냅니다.

재료는 어떤 채소든 상관없으며 여러 가지 다양한 맛을 내는 훌륭한 요리입니다.

자유학원 졸업생 공동연구<sup>自由学園卒業生共同研究</sup>, 『부인의 벗』 1941년 7월호.

## 쇼와 20년<sup>1945</sup>의 공동취사 메뉴

**우스쿠즈시루**薄くず汁

콩은 전날 물에 불렸다가 절구에 잘 으깨 줍니다. 약불에 물을 조금씩 부어가며 끓입니다. 충분히 익혀 콩비린내를 제거합니다. 천에 잘 짜면 두유와 비지가 나옵니다. 두유에 간을 해서 끓이면 달걀처럼 됩니다. 푸성귀를 곁들여도 좋으며, 전분 대신 옥수수가루를 물에 불려 넣으면 걸쭉함을 살릴 수 있습니다.

나이토 도시코, 『부인의 벗』 1945년 5월호.

# 음력 시월小春日和의 수제 간식

**쌀겨를 볶은 초콜릿!?**

이처럼 배급하의 식생활은 식재료 부족을 이리저리 메우며 이어가
야 했다. 그런데 여성지에는 각종 간식류가 지면을 장식했다. 이 시국
에 '수제 간식'을 다룬 기사마저 보인다.

고구마와 감자를 으깨 만든 화과자 풍 과자에서부터 밀가루 피에
싼 만두, 찐빵, 비스킷까지 다양했다. 그리고 고구마와 호박으로 만든
고물도 자주 등장했다. 여름에는 한천이나 달달한 음료를 다룬 기사
도 실었다.

이런 시국에 과자까지 손수 만들 필요가 있느냐고 생각할지 모르
겠지만 과자류도 배급제여서 하나하나 만들어 먹어야 했다. 초콜릿
등 사치스러운 제품은 제조 자체가 금지되었고, 1943년 2월부터 어
른들 간식은 아예 중단되었다. 3세 이하 유아에게는 비스킷 혹은 구
운 과자 두 봉지 60전 분량, 아동에게는 50전 분량의 과자가 배급되
었을 뿐이다. 한창 성장기 아이들에게 3번의 식사만 겨우 챙기는 시
대, 과자 부족도 심각하게 고민되는 시대가 도래했다.

상상을 초월하는 아이디어로 충만하다.

오하기 떡에 고구마를 사용한 것은 찹쌀과 같이 찰기를 주기 위함
이다. 우동도 한천이나 가린토かりん糖:막대 모양으로 만든 밀가루 반죽을 튀긴 후 시럽을
묻혀 건조시킨 과자 등으로 변신하며 대활약. 그런가 하면 쌀겨를 볶아 코코
아파우더처럼 사용하는 지혜도 짜낸다.

"마침 그날 젊은 손님도 있길래 쌀겨로 만든 거라는 말 없이 슬쩍

내어보니 "초콜릿이 들어있네요"라고 하는 것이 아니겠어요. 대성공이었답니다" 미야기 다마요(宮城タマヨ), 『부인의 벗』1942년 5월호라는 일화도 소개하고 있다. 수고로움이 헛되지 않게 맛도 있었던 모양이다.

## 단맛에 굶주리다

전쟁하면 단맛에 굶주렸던 기억을 떠올리는 이들이 많을 것이다. 설탕 원료의 대부분은 수입에 의존했다. 설탕이 배급제로 바뀐 것은 비교적 이른 시기였다 도쿄도의 경우 1941년 1월. 1인 1달 0.6근360그램. 1일 12그램. 작은 종이 스틱에 들어 있는 설탕 1.5개 정도가 되는 양이다. 그만큼이면 충분하다고 생각할지 모르나 이 외에 다른 '단맛'이 아무것도 없었기에 문제다. 참고로 현재 설탕 소비량은 1인 1일 55그램. 이것은 과자나 음료 등 가공식품에 포함된 총 소비량이므로 전체적인 양을 비교하긴 어려우나, '단맛'의 총량을 생각할 때, 설탕을 멀리하게 된 지금 우리는 당시의 5배나 되는 단맛을 즐기고 있는 셈이다.

설탕 부족을 이렇게 설명하고 있다.

설탕은 예로부터 있었던 것이 아니라 옛날에는 단 과일이나 채소를 말려 사용하거나, 누룩, 조청 등의 단맛을 사용했습니다. 설탕이 없더라도 전분질을 섭취하면 체내에서 설탕으로 변화하니 영양상으로는 아무런 문제가 없는 셈입니다.

설탕은 병자나 유아들에게 필요한 경우도 있습니다만, 성인에게는 반드시 필요한 것은 아닙니다. 지금처럼 아무 생각 없이 설탕을 먹으면 건강을 해칩니다.

도쿄시 위생시험부장 곤도 미쓰유키(近藤光之), 『부인구락부』 1941년 12월호.

칼로리 과다인 지금 시대라면 몰라도, 당시로서는 설득력이 떨어진다. 12그램이라도 손에 넣을 수 있으면 다행이었다. 설탕 부족이 심각해지자 암거래 가격이 급등했다. 1943년 11월에는 백설탕 제조가 금지되고 흑당 계열의 설탕만 제조할 수 있도록 하였고, 이듬해 44년 8월에는 설탕 배급 자체가 멈춰버렸다.

당시 초등학생이던 한 여성은 소개疏開 생활을 떠올리며 과자와 얽힌 에피소드 하나를 들려주었다.

> 6학년 남자아이 중 과자 그림을 아주 잘 그리는 아이가 있었어요. 우리보다 아래 학년 아이들은 앞다퉈 그 남자아이에게 그림을 그려달라고 했죠. 그 아이가 그린 카스테라는 한 가운데가 소용돌이처럼 말린 둥근 모양이었고, 아이스크림 그림은 웨하스까지 제대로 올린 아주 맛있어 보이는 것들이었습니다.
>
> 그림 덕에 그 아이는 콧대가 높아졌고 우리들은 열심히 비위를 맞춰가며 그림을 받아들곤 했지요. (…중략…) 그림 말고도 또 하나 아이들이 생각한 비책이 있었습니다. 과자는 절대 집에서 가져오면 안 되지만 약은 괜찮았거든요. 그래서 비오페르민, 인단 등(으로 위장한) 맛있는 약을 가져가곤 했죠.

나카무라게이코(中村桂子), 『생활수첩96 전시생활의 기록』

말 그대로 '그림의 떡'인 것이다. 여성지의 간식도 그림의 떡이었을 가능성이 크며, 1943년 레시피도 이미 자포자기. 그러나 예컨대 그림 속 떡이라도 과자 레시피는 보는 것만으로도 행복해진다. 그 효과는 그야말로 '마음의 영양소'였을 터다.

## 도나리구미 노래 隣組の歌

**도나리구미**오카모토 잇페(岡本一平) 작사 · 이다 노부오(飯田信夫) 작곡
똑똑똑 문을 활짝 열어요 도나리구미
문을 열면 모두가 아는 얼굴
돌려주세요 회람판
알려주시고 알려드리고

**도나리구미 개사**작자 미상
똑똑똑 문을 활짝 열어요 도나리구미
이모저모 골치 아픈 된장, 간장
돌려주세요 사재기한 물건
아아 인정 없어라 배고파라


## 전시 수제 과자

**데마리기쿠**手まり菊 ────────────────
삶아서 으깬 고구마소를 4~5 등분으로 나눠서 말차나 빨간색 식용 색소로 한쪽 면
만 물들인 후 뭉쳐서 모양을 잡아 줍니다. 다음은 큰 덩어리를 손바닥에 올려 평평하
게 한 후 작은 덩어리를 감싸 줍니다. 과도로 정 가운데에 십자모양을 내줍니다. 사
이사이 칼집을 넣어주면 귀여운 데마리기쿠가 완성됩니다. 새해 손님맞이에 제격입
니다.

세키 미사코關操子, 『주부의 벗』 1943년 1월호.


**토란떡**里芋お萩, 9쪽 권두 화보 참조 ────────────────
이것은 찹쌀이 필요 없는 오하기입니다. 쌀 1합180cc에 적당한 크기로 썬 토란 100돈
370g과 물 2합360cc을 넣어 보통 밥처럼 짓습니다. 잘 쪄지면 으깨어 밥과 토란을 잘 섞

어 둡니다.

끈기가 생기면 둥글게 모양을 잡은 후 콩가루, 흑후추, 파래 등을 뿌리면 알록달록 예쁜 떡이 완성됩니다.

설탕이나 콩으로 만든 과자를 구하기 어려운 요즘 간식으로 제격입니다.

이소노 유리코磯野百合子, 『주부의 벗』 1941년 5월호.

## 다양한 아이디어 과자

### '겨'를 활용하라 ────────────────────

커다란 프라이팬이나 중국식 냄비에 겨를 넣고 약불에 천천히 볶아 줍니다. 얼마 동안 볶으면 기름이 나오면서 촉촉해집니다. 불 조절을 하면서 눌어붙지 않도록 천천히 볶다 보면 점점 색이 나옵니다. 1시간 정도 초콜릿색이 될 때까지 볶아서 절구에 넣어 잘 갈아 줍니다. 그렇게 하면 겨 특유의 냄새도 잡아주고 구수하고 깨끗한 가루가 됩니다. 한 번에 많은 양을 만들어 저장해 두고 사용하면 편리합니다.

### 비스킷8쪽 권두 화보 참조 ────────────────

밀가루 1컵, 겨 1컵밀가루와 같은 분량, 설탕 2/3컵밀가루와 겨 양의 1/3, 버터 큰 숟가락으로 1개, 달걀 1개, 베이킹파우더 작은 숟가락 깎아서 1개.

설탕, 버터, 달걀을 잘 섞어서 그 안에 밀가루와 겨, 베이킹파우더를 체에 쳐서 반죽해 둡니다. 얇게 펴서 모양을 낸 후 프라이팬에 구워냅니다. 20분 정도면 완성됩니다. 버터는 넣지 않아도 됩니다. 설탕을 조금만 넣거나 잼을 발라 먹어도 좋습니다.

미야기 다마요宮城タマヨ, 『부인의 벗』 1942년 5월호.

## 우동한천 8쪽 권두 화보 참조

우동을 귤즙과 한천으로 굳힌 것입니다. 귤색 한천 안에 흰색 우동이 비춰 보여 모양
이 예쁩니다.

요시오카 기요코吉岡淸子, 『부인의 벗』 1942년 5월호.

## 가린토

말린 우동을 6cm 정도로 툭툭 잘라 기름에 바삭하게 튀깁니다. 작은 냄비에 설탕과
물을 같은 양으로 넣고 졸여줍니다. 끈기가 생기면 불을 줄이고 튀긴 우동에 버무려
줍니다.
말린 우동을 사용하면 기름도 적게 들고, 캔에 넣어 오래 두고 먹을 수 있습니다.

지바시千葉市 아오바 유미靑葉由美, 『주부의 벗』 1942년 11월호.

## 곤약떡

배급받은 곤약은 반찬만이 아니라 간식거리로도 이용해 봅시다. 삶은 밤이나 단과자
를 곁들이면 포만감이 들어 아이들에게 인기가 좋습니다. 데친 곤약을 적당한 크기로
잘라 달달한 콩가루에 버무려 먹습니다.

마쓰이 히데요松井秀世, 『주부의 벗』 1943년 10월호.

# 제4장

# 장엄한 결전 비상식

## 공습하 레시피

본토 공습이 시작되었다.
요코하마에 소이탄을 투하하는 B29

# 전쟁 말기는 서바이벌

## 등화관제 · 학생소개 · 방공호

전쟁 중 배고픔으로 고통받았다는 이야기들은 태평양전쟁 말기인 1944년에서 1945년에 집중된다. 이 2년은 전선의 병사는 물론 후방 역시도 인간성을 박탈당한 마의 기간이었다. 먹을 것이 심각하게 부족한 데다 일상적으로 생명의 위협을 받는 상황이 되었다.

1944년 10월, 레이테만 해전에서 일본의 연합 함대가 괴멸하고, 특공대<sup>적함에 비행기를 타고 돌진해서 격파시키는 부대</sup>가 처음으로 출격하는 등 전쟁은 막바지로 치달아 갔다. 일본 선박 40퍼센트 이상이 격침되어 물자 수송에 막대한 영향을 미쳤다.

그럼에도 일본이 항복하지 않자 타격을 가하기 위해 미국이 일본 본토를 공습하기 시작했다. 최초의 본토 공습은 미일 개전 4개월 후인 1942년 4월의 일이었다. 이때만 하더라도 B25라는 중형 폭격기였던 탓에 사람들의 위기감은 크지 않았다. 본격적인 본토 공습은 1944년 11월 24일에 처음 이루어졌다. B29라는 대형 장거리 폭격기가 도쿄를 공습했다. 이후 B29가 일본 도시 여기저기에 투하되었다.

도시의 삶은 파괴되었다. 창문에서 빛이 새어나가 적기의 표적이 되지 않도록 '등화관제'가 실시되었고, 밤에는 전등에 검은 천을 덮어 놓았다. 공습에 대비해 '방공호'를 파고 공습경보가 울릴 때마다 소지품을 챙겨 방공호로 달려 나가야 했다. 혹은 친척이나 지인의 집을 찾아 안전한 곳으로 소개해 갔다. 1944년 여름부터는 '학생소개<sup>學童疎開:집단소개</sup>'도 시작되어 도시의 초등학교를 다니던 아이들은 전원 부모의 품을 떠나 익숙지 않은 농촌에서 단체생활을 해야 했다. 이들에게 전쟁이란 무시무시한 공습과 소개의 경험으로 각인되었다.

## 전국시대의 무장까지 총동원!?

태평양전쟁이 시작되고 3년중일전쟁 기간을 포함하면 6년. 전쟁 초기의 으쌰으쌰하던 분위기는 오간 데 없고 전쟁이 길어지면서 사람들의 피로감은 극에 달했다.

여성지 지면은 "공격은 멈추지 않는다", "귀축영미!", "전진 일억, 불같은 기세!" 등과 같은 히스테릭한 표어로 도배되었고, 요리 코너도 이에 질세라 전지戰地 전국시대 무장 이야기까지 동원해 전쟁을 합리화하는 기사들로 넘쳐났다. 모두 함께 참고 견뎌내자고 다독이고 설득하는 내용이었다.

이 시기가 되면 배급 식량만으로는 턱없이 부족한 상황에 놓이게 된다. 1일 1식 2합 3작330그램이라는 규정에 매이게 되면서 쌀배급은 다른 주식으로 대체되는 경우가 많아졌다. 그 때문에 기차역은 식량을 구입하러 먼 곳까지 가려는 사람들로 북새통을 이뤘다. 1944년 쌀의 암거래 가격은 공정가격의 10배, 그해 말에는 50배로 폭등했다고 한다.

전쟁은 인간관계도 파괴해 버린다. 전쟁 전, 도시는 풍요롭고 농촌은 빈곤했다. 아이러니하게도 식량 부족으로 그 격차가 줄어들었고 급기야 역전된 것이다. 물건을 구하러 가거나 소개해 간 곳에서 배척당하는 일이 많아지자 인간불신 풍조가 만연했다. 그런데 거꾸로 농촌 사람들의 입장에서 보면 식량을 구하러 온 도시인들이 대거 몰리는 사태가 반가울리 없었을 터다. 농민들이 굶주려 있을 때 도시인들은 백미를 마음껏 먹는 식생활을 구가하지 않았던가.

그러한 상황에서도 요리 관련 기사는 건재했다. 그러나 그것은 차마 '레시피'라고 부르기 어려운 것들이었다. 절망적인 식량난을 뚫고 어떻게 연명해야 할지를 걱정해야 하는 흡사 '서바이벌 레시피' 같은 느낌이었다. 전시의 메뉴는 전쟁 국면을 그대로 반영한다. 전쟁 말기 상황에 이르면서 영양실조에 걸린 사람들이 속출했다. 식생활도 아슬아슬한 말기 상태에 빠져들었던 것이다.


# 고구마와 호박의 하극상

### 쌀의 말로는 국물이 흥건한 죽

이렇듯 귀중한 쌀의 조리법도 더 이상 '절미'만으로 감당하기 어려운 상황이 되었다. 이 시기 쌀로 만든 요리라고는 찬밥을 이용한 조스이 정도였다. 양을 늘리는 취사법을 고안하는 데 그치지 않고 그것을 다시 조스이로 양을 늘려야 하는 상황.

1944년에는 마을에 '조스이 식당'이라는 간판을 내건 가게가 생겼다. 외식권미곡 통장을 제시하고 받는 식권이 없어도 조스이를 먹을 수 있는 식당에는 점심시간마다 긴 행렬이 늘어섰다.

커다란 냄비에 끓이면 여덟 그릇은 족히 나오는 조스이. 소량의 소량의 쌀에 무청, 고구마 줄기, 껍질 채로 썰어 넣은 감자 등을 시지미가막조개, 바지락

나 다니시<sup>민물우렁이</sup> 살로 국물을 내고 대용 간장으로 간을 맞춰 후루룩 들이
킨다.

도쿄도 가시와기 시치요(柏木七洋), 『생활수첩96 전시생활의 기록』.

이와 같은 비참한 상황은 가족이 소개하고 홀로 생활하는 이들이
늘어난 도시에서는 흔한 풍경이었다.

쌀의 비참한 말로와 함께 1943년 무렵부터 식량증산계획이 추진
되었다. 어떤 계획이었을까?

## 도시의 공터가 밭으로 변모하다

전시의 식생활을 떠올릴 때면 어김없이 등장하는 레파토리. 바로
고구마와 호박만 먹고 살았다는 전설 같은 이야기. 특히 고구마는 예
로부터 구황작물로 에도시대의 기근을 막아주었고, 빈곤한 농촌의
주식으로도 활약했다. 전시기 레시피에도 감자나 고구마, 호박이 자
주 등장했다. 이른바 전시 메뉴의 주연이자 스타였다.

그런데 이들의 인기가 하늘 높은 줄 모르고 치솟으며 진가를 발휘
한 것은 전쟁 말기에 이르러서다. 국내의 쌀 생산고가 바닥을 드러내
고 전쟁 상황이 악화되어 감에 따라 항로가 막히고 식민지로부터도
해외로부터도 쌀을 들여올 수 없게 되자 감자, 고구마, 호박 등이 쌀
을 대신하여 '주식의 자리'를 꿰차게 된 것이다.

그런 가운데 '고구마는 귀중한 주식'이라는 캐치프레이즈를 내걸고
대대적인 고구마 증산운동이 시작되었다. 농촌만이 아니라 각 가정에
서도 고구마 재배를 장려했다. 즉 자급자족하라는 말이었다. 자신이

직접 재배한 고구마를 도시락으로 만들어 역에 내다 팔기도 했다.

전쟁 초기에는 절미를 위한 '증량 재료'로 주목받거나, 반찬이나 간식 재료로 가볍게 취급되던 고구마도 주식의 자리에 오르자 함부로 대하기 어렵게 되었다. 요리 코너에 쌀과 나란히 이름을 올렸으며, '말린 고구마' 등은 장기 보관이 가능한 귀한 주식으로 자리잡았다.

당시 사진을 보면 일본 전국이 온통 고구마밭으로 뒤덮여 있다. 도시의 빈터나 숲, 골프장, 학교 운동장 등 모든 곳이 밭으로 변모해 있었다. 감자보다 고구마 재배가 장려되었던 것은 기후와 토양의 영향을 받지 않아 키우기 쉬웠고, 그램당 칼로리가 높았기 때문이다<sup>감자의 약 2배</sup>. 또한, 단위 면적당 수확량이 높았던 점<sup>감자의 1.5배~2배</sup>도 장점으로 꼽았다. 카로틴과 비타민C 함유량 등 영양 면에서도 감자보다 고구마 쪽이 훨씬 우수했다.

### 고구마는 비행기의 연료였다

또 하나, 고구마에 큰 기대를 걸게 된 데에는 전시 품종 개량이 이루어졌기 때문이다.

근대에 들어서면서 고구마 재배는 농가의 자율에 맡겼다. 그만큼 중시하지 않았다는 의미다. 그러던 것이 20세기 초<sup>메이지30년대</sup> 산업혁명 즈음해서 공업용 전분이나 알코올<sup>酒精</sup> 원료로 갑자기 각광받게 된다. 알코올을 만드는 원리는 감자소주와 동일하다.

중일전쟁이 시작되자 정부는 고구마의 품종 개량을 국책으로 적극 추진한다. 석유 수입 통로가 막히자 군용 자동차와 비행기 연료가 되는 알코올을 고구마에서 추출해 내고자 한 것이다.

그 결과, 여러 다양한 품종이 생겨났다. '호국 고구마護国藷'는 전국적으로 재배되어 글자 그대로 나라를 구하는 고구마로 기능했다. 1942년에 등록된 '농림 1호', '농림 2호'는 전분질이 높은 우량 품종으로 알려져 있다. 이처럼 전시, 전후의 고구마 증산은 쇼와10년대의 기술 혁신에 따른 결과였다. 그러나 그 와중에 국내 기아문제가 심각해짐에 따라 식량증산이 보다 중대한 과제가 되었다. 비행기 연료로 사용되던 것이 이번에는 인간의 연료가 되어 버린 것이다.

참고로 당시 평판이 좋지 않았던 것은 '오키나와정식 명칭은 오키나와 100호'라고 불리던 품종. 고구마 공출은 무게로 계량했기 때문에 품질은 부수적이었다. 농가는 크고 재배하기 쉬우며, 수확량이 많은 품종을 고르기 마련. 배급용 고구마는 크기만 컸지 맛이 없다는 소문이 자자했던 것은 이러한 품종만 배급되었기 때문이다.

## 호박은 잎에서 씨까지 남김없이 먹어라

1944년에 들어서자 한 집에 한 그루씩 호박 재배를 하도록 장려했다.

고구마는 모종을 해야 하는 데 반해 호박은 주변에 씨만 뿌려 두면 뿌리를 내리고, 꽃을 피우고, 열매를 맺기 때문이다. 말하자면 가장 손이 안 가는 작물이었던 것이다. 게다가 고구마보다 저장하기 쉬워 여름에 수확한 열매는 겨울까지 보관이 가능했다. 고구마에 이어 마지막 궁여지책으로 호박이 주식의 자리를 석권한 것은 식량정책이 그만큼 막다른 곳까지 내몰렸다는 증거이기도 했다.

다만 당시 호박은 '일본 호박'이라고 불리는 품종이 많았고 현재 일반적으로 유통되고 있는 '서양 호박밤호박'에 비하면 전분질이 적고 주식으로 삼기에는 부족했다.

그 때문에 호박은 주식용이라기보다 주식도 되고 부식도 되는 완전 채소로 인식되었다. 씨부터 줄기, 꽃, 잎까지 알뜰하게 활용한다는 의미이다. 지방분이 많은 씨는 불에 볶아 가루를 내어 콩이나 깨 대용으로, 꽃은 살짝 데쳐 식초를 가미해 먹거나, 줄기 부분은 단맛이 강해 설탕 대신 조림 요리에 사용했다. 열매가 '주식'이라면 이파리나 줄기는 '채소' 역할을 한 셈이다. 전시 고구마 줄기나 호박잎까지 먹었다는 것은 그 작물들을 손수 재배했음을 의미한다.

## 이것저것 모조리 가루로 만들다

쌀이나 고구마보다 다루기 어려운 주식도 배급되었다. 건면, 건빵, 밀가루 등은 고급 재료에 속했다. 전쟁 말기에 쌀 대용으로 배급되었는데, 주로 건조 대두, 건조 옥수수, 보리, 잡곡류 등이었다. 새 모이 같지만 말이다.

여성지에는 '입식粒食', '분식粉食'이라는 용어가 등장했다. 대두나 말린 옥수수, 잡곡으로 밥을 지어 그대로 먹는 것이 '입식', 분말로 갈아서 사용하는 것이 '분식'이다. 입식 방법도 여러 가지로 소개하고 있는데, 소화가 어렵다는 이유를 들어 분식을 장려했다.

이렇게 해서 '스이통'이라는 수제비가 밥상에 오르기 시작한다. 전시 먹거리 하면 떠오르는 것이 죽, 고구마, 호박과 함께 바로 이 스이통이다. 스이통은 가루를 물에 반죽해서 경단 모양으로 만들어 국물에 넣고 끓인 요리를 말한다.

절미요리의 일종으로 스이통은 여성지에도 이른 시기부터 등장했다. 그러나 본격적인 '스이통의 시대'가 도래하는 것은 전쟁 말기였다. 이것은 손에 넣은 콩과 잡곡을 이것저것 가리지 않고 가루로 만들었던 이른바 '전시하 문화'에서 탄생한 먹거리라고 할 수 있다. 설령 레시피에 밀가루라고 되어 있어도 실제로는 뭐든 손에 넣을 수 있는 가루를 사용해 만들었다.

이 무렵 먹었던 스이통도 밀가루가 아닌, 쌀가루콩이나 잡곡을 섞은 쌀나밥과 고구마를 으깨 만든 것이었다. 밀가루는 국물 농도를 맞추기 위해 소량만 사용되었다. 주식과 부재료의 경계가 모호해진 자리에 무엇이든 가루로 만들기 위한 절구와 공이 들어섰다.

# 정신력으로 극복하라

## 부족한 것은 식량이 아니라 반성

요즘 도시에서의 채소 배급은 이전에 비해 다소 궁핍한 것도 사실입니다. 그것도 구주 국가들의 현상으로 보자면 상상 이상으로 윤택하고 여유가 있는 편입니다. 우리나라 는 면적은 좁지만, 태양의 은혜와 땅의 비옥함으로 산과 바다에 먹거리가 넘쳐납니다. 쌀 외에도 보리가 있고 잡곡이 있습니다. 고기는 많지 않지만 생선과 조개가 있습니다. 감자나 콩이나 채소도 있습니다. 훌륭한 먹거리인 식물들이 여기저기 자라고 있습니다.

과거 대전에서 독일이 패배했을 때, 베를린 교외의 마을 주민들은 나뭇잎까지 푸른색 을 띤 것은 모조리 먹었다고 합니다. 그에 비해 우리나라 현상은 어떨까요? 부족한 것 은 실은 식량이 아니라 식량에 대한 반성입니다. 식사에 대한 고안입니다. 전시 생활 을 실천하는 결의와 노력입니다.

수학연성소 연성관 의학박사 스기야스 사부로杉靖三郞, 『부인구락부』 1944년 6월호.

## 병란의 시대를 떠올리며

일본에서도 예전에 병란이 많던 시절은 보존식품을 중시하는 생활을 했습니다. 그 영향으로 지금도 교토를 중심으로 한 간사이關西 지방은 다른 지방에 비해 보존식품 을 많이 먹는 편입니다. 또한, 나고야성名古屋城은 고사리, 오사카성大阪城은 고비, 구마 모토성熊本城은 고구마로 유명한데, 명장이 축성을 할 때에는 반드시 식량을 저장하 도록 했습니다. 그 후 평화로운 시기가 계속되어 풍요로운 산해진미를 자유자재로 손에 넣을 수 있게 되면서 지금과 같이 신선식 본위로 발달하게 된 것입니다.

마지막으로 주부 여러분들께 특별히 부탁하고 싶은 것은 요리의 혁신입니다. (…중 략…) 이렇게 해야 비로소 주부의 힘을 적극적으로 전력으로 활용할 수 있게 되는 것 입니다.

중의원 마키노 료조牧野良三, 『부인의 벗』 1944년 6월호.

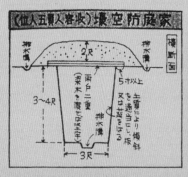

『부인구락부』 1941년 10월호

소개 아동들이 식사하는 모습

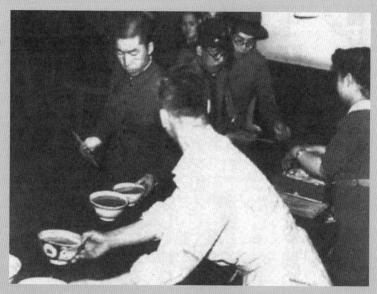

유락쵸에 자리한 조스이(죽) 식당. 도내에 335곳이 있었다.

## 도시 주민은 한 사람도 빠짐없이 전투원

"전투 전의 땀 한 방울은 전투 중의 피 한 방울戰鬪前の汗の一滴は戰鬪の血の一滴" 이라는 문구
는 태평양 최전선 라바울 수비대 용사들의 암호였습니다. 그러나 이것은 라바울만
의 철칙은 아니었습니다. 적은 이미 제도의 하늘까지 침범해 왔습니다. 이 공습 체험
을 살려 식생활 연구에 더욱 박차를 가하고 다시 준비할 필요가 있을 것입니다. (…중
략…) 공습이 반복됨에 따라 피해의 범위도 확대되고, 점차 격렬해지고 있는 것을 볼

때, 이재ᵞ災 후의 식생활이라고 하지만 정신대挺身隊에게만 맡길 수는 없을 것입니다. 그런데 도시에 남아 있는 이상은 한 사람도 빠짐없이 전투원입니다. 아무리 폭격이 계속되어도 다시 일어나 다음 공습이 있기까지 전력을 다해 싸워나갈 힘을 다지는 마음가짐을 가져야 합니다.

쓰쓰이 마사유키筒井政行, 『주부의 벗』 1945년 2월호.


## 전쟁 말기의 감자요리

### 감자 찻죽 ────────────────────────

보존용 볶은 쌀도 비상용으로 남겨 둘 필요가 있으니 오래된 볶은 쌀을 사용해 주세요. 엽차를 구수하게 볶아 쌀 양의 5배 정도의 뜨거운 물을 부어 2분 가량 우려냅니다. 쌀을 넣고 끓어오르면 1센티 정도로 막 썰은 감자를 넣고 다시 한 번 끓이다 불을 줄입니다.

### 감자 샐러드 ───────────────────────

삶은 감자를 은행 모양이나 주사위 모양으로 썰어 채소를 적당히 섞어 호박 소스로 버무려줍니다. 호박 소스는 감자와 함께 호박을 쪄서 만듭니다. 찐 호박 안쪽을 긁어 파낸 것 큰술 3개 분량, 소금 작은술 1개, 겨자 작은술 1/2개, 식초 큰술 2개를 넣고 잘 섞어 줍니다.

사와사키 우메코澤崎梅子, 『부인의 벗』 1944년 10월호.


### 맛있는 말린 감자 만드는 법 ────────────────

감자를 씻어서 찐 후, 뜨거운 김이 빠지면 물을 뿌려 다시 한번 찝니다. 잘 식혀서 가로로 6~9mm 두께로 썰어 하나씩 펴서 햇볕에 말립니다(밤에는 들여놓습니다). 쫀득쫀득하게 마르면 나무상자 혹은 통에 짚을 깔고 그 위에 감자를 두 단으로 늘어놓습니다. 같은 방식으로 감자를 짚 사이사이에 넣고 마지막으로 짚을 덮어 뚜껑을 잘 닫아둡니다(짚은 오래된 거적이나 쌀가마를 사용해도 좋습니다).

나무통은 가능한 온도의 변화가 없는 헛간이나 사람들이 많이 드나들지 않는 장소에 약 1달간 묵혀둡니다. 얼마 지나면 감자 표면에 백분이 생기며 맛있게 변합니다.

생으로 건조시킬 경우 얇게 썰어 햇볕에 바짝 말려 캔에 넣어 보존합니다. 물에 불려 끓이거나 가늘게 채 쳐서 밥이나 빵에 넣어도 좋습니다. 감자는 상온에 보관하기 어려우므로 이렇게 해서 겨울철 식량과 방공식량으로 준비해 두는 것도 하나의 방법입니다.

식량학교 강사 오구라 에이지小倉英治, 『부인구락부』 1944년 11월호.

## 호박 알뜰 활용법

올해만큼 호박이 빨리 자라줬으면 하고 기다린 적이 없을 겁니다. 집집마다 울타리를 타고 올라와 커다란 이파리 사이로 빼꼼하고 애교스럽게 얼굴을 내밀고 있는 모습을 볼 때마다 안 먹어도 배가 부릅니다. 포만감은 물론이고 영양 면에서나 보존 면에서나 여름 채소 가운데 으뜸인 호박을 주목할 필요가 있습니다. 오늘날과 같은 시국에 부식으로만 생각할 것이 아니라 주식을 대체할 필수품으로 적극적으로 활용해 보고자 합니다. 꽃이나 이파리, 뿌리 모두를 사용하면 호박 하나에서 십 여 종류의 재료를 얻을 수 있습니다.

### 눈엽

어린잎은 데쳐 먹으면 시금치 버금가게 맛있습니다. 파릇한 색감이 아름다워 된장국이나 맑은 장국 건더기로 사용해도 좋고 데쳐 먹거나 무쳐 먹어도 좋습니다.

### 어린잎

직경 10센티 정도의 어린잎은 데쳐서 잘게 썰어 여느 채소처럼 이용할 수 있습니다. 진한 녹색을 띤 호박잎은 데쳐도 색감이 그대로 살아 있어 식욕을 자극합니다. 또한 강한 불에 쪄서 건조시키면 향도 좋고 보존도 가능합니다.

### 줄기

고불고불 말린 줄기는 섬유소가 풍부합니다. 눈엽 부위의 쭉 뻗은 가는 줄기는 데치면 실파득득나물처럼 된장국이나 맑은 장국의 푸른 색감을 더해줍니다.

### 잎자루

줄기에서 옆으로 삐져나온 어린잎 줄기는 껍질을 벗겨 데친 후 조림을 하거나, 초된장 무침이나, 기름에 지져 먹습니다. 약간 질긴 부분도 섬유질 부분을 사선으로 썰어 죽이나 비빔밥, 초밥 등에 곁들이면 푸른 색감을 더해주고, 무침, 초무침 등에도 어울립니다. 머위조림처럼 날간장에 졸이면 도시락 반찬으로도 제격입니다.

### 꽃봉오리

수꽃 봉오리를 따서 튀기거나 튀김조림을 하면 약간 쌉쌀한 것이 머위의 어린 꽃줄기 맛이 납니다.

### 꽃

암꽃은 국화꽃처럼 맛있게 먹을 수 있습니다. 심과 꽃받침을 자르고 꽃가루를 잘 씻어낸 후 살짝 데쳐서 초무침을 합니다. 물에 씻어 그대로 튀겨 먹어도 맛있습니다.

사와사키 우메코, 「부인의 벗」 1944년 8월호.

## 호박 만두

호박은 적당히 썰어 데친 후 절구에 잘 갈아 줍니다. 약간의 소금과 설탕을 가미해 호박소를 만들어 둡니다. 밀가루로 만든 만두피에 호박소를 넣어 잘 쪄주면 맛있는 만두가 완성됩니다.

### 호박 스튜

고기 배급이 있는 날, 혹은 조개류가 준비된 날에 만들면 좋습니다. 호박을 데쳐 으깨 주고 갖은 채소를 적당한 크기로 썰어 고기 또는 조개를 넣고 볶아 줍니다. 호박 삶은 물을 넣어서 부드럽게 익힌 후 으깬 호박을 넣고 소금, 후추를 뿌려 주면 호박의 단맛 을 맛있게 즐길 수 있습니다.

가사마쓰 야에笠松八重, 『부인구락부』 1944년 8월호.

## 이것이 스이통이다!

### 곡물 가루를 주식으로

곡물 가루를 잘 요리하면 식품재료가 부족한 오늘날 식후 포만감이 충만하여 만족감 을 느낄 수 있습니다. 각종 잡곡이 들어간 쌀을 배급받게 되는데, 물 조절, 불 조절에 실패하면 아이들의 경우 소화불량에 걸릴 수 있습니다. 갈아서 이용하는 등 방법을 달리하면 소화 흡수에도 좋아 노인이나 아이들에게 제격입니다.

돌절구에 갈 때는 씻지 말고 그대로 갈아야 영양 손실이 없습니다. 요즘은 사용할 일이 없는 고기 가는 기구나 커피 가는 기구 등을 이용해도 좋습니다. 쌀을 하룻밤 물에 불려 서 물기를 잘 털어내고 갈아 두어도 좋습니다.

사와사키 우메코, 『부인의 벗』 1944년 6월호.

### 스이통

밀가루의 영양부족을 메우고 쌀쌀한 날씨에 어울리는 절미식입니다. 우선 물 5작90cc 에 소금 작은술 1/2개를 풀어서 밀가루를 넣고 밥주걱으로 반죽을 잘 치댄 후 그대로 20~30분간 놓아둡니다. 국물은 건더기를 풍성하게 넣고 가볍게 익혀준 후 그 안에 반죽한 것을 수제비처럼 떠 넣습니다. 밀가루 수제비가 잘 익어 떠오르면 소금과 간 장으로 국물 간을 맞추고 한소끔 더 끓여냅니다.

**주의**

① 국물 맛은 진하지 않게 하는 것이 질리지 않고 드실 수 있습니다.

② 국물이 팔팔 끓을 때 수제비를 떠 넣을 것. 그렇지 않으면 국물이 질척해집니다.

③ 국물은 된장 베이스로 해도 좋고, 건더기는 먼저 기름에 볶거나 깨소금을 넣으면 한층 풍미가 좋습니다.

④ 고기 배급이 있는 날이면 고기를 건더기로 넣으면 영양적으로도 좋고 적은 양으로 가족이 둘러앉아 먹을 수 있습니다.

쓰쓰이 마사유키, 『부인구락부』 1944년 3월호.

## 고구마 스이통

밥이 부족할 때 훌륭한 한 끼 식사가 됩니다. 간 고구마를 밥과 잘 섞어 줍니다. 냄비에 갖은 채소를 넣고 맑은 장국이나 된장국에 준비한 밥을 넣고 끓어오르면 불을 끕니다.

『부인구락부』 1944년 11월호.

## 콩 스이통

으깬 콩에 같은 양 혹은 2/3 분량의 가루를 섞어 잘 반죽합니다. 그 안에 당근, 푸른잎 채소, 파 등을 넣어 끓입니다. 국물이 끓어오르면 준비한 반죽으로 수제비를 떠 넣으면 따끈따끈한 콩죽이 완성됩니다. 쌀쌀한 날씨에 제격입니다.

가나가와神奈川 유노키 히사에다柚木久枝, 『부인구락부』 1944년 11월호.

# 이런 것까지 먹던 시절!

## 채소는 가정에서 직접 기르자

부식<sup>반찬</sup>으로 시선을 옮겨보자.

신선한 고기와 생선은 모습을 감춘지 오래. 주식의 배급도 불투명한 상황. 이러한 상황이 몇 년이나 지속되는 가운데 마지막까지 명맥을 유지해간 것이 바로 채소다. 레시피에 "제철 채소를 적절히 활용하세요"라는 문구가 많았던 것도 채소만큼은 그런대로 손에 넣을 수 있었기 때문이다.

그런데 전쟁 말기에 이르면 이마저도 어렵게 되었다. 농가의 생산력이 쌀에 온통 집중되었고, 채소를 도시로 실어나르기 위한 연료도 만만치 않았기 때문이다. 얼마 안 되는 석유는 군사용으로 비축해야 했다. 이에 정부는 감자, 고구마에 더해 농사 경험이 없어도 경작 가능한 채소류까지 자급자족하도록 했다. "채소만큼은 자급자족 하세요, 신선한 채소는 사람 몸에 꼭 필요합니다"라는 식.

요리 기사가 줄고 가정 텃밭 관련 기사가 급증했다. 〈가정의 증산 계획〉이라는 표어도 등장. 마당, 처마 밑, 옥상을 이용하거나, 그마저 없으면 상자나 화분을 이용해서라도 채소를 가꾸라는 것이다. 채소 배급이 원활하지 않았던 1943~44년에는 거의 모든 가정에서 텃밭을 가꾸었다.

토마토, 가지, 오이 등 여름 채소. 소송채, 시금치, 쑥갓, 갓, 산동배추, 어린 배추나 무순과 같은 푸른잎 채소. 잠두콩, 완두콩, 팥 등 콩류. 파, 양파, 무, 순무, 고구마, 배추, 양배추 등등. 대부분을 손수 재배해야 했는데, 개중에는 재배가 금지된 작물도 있었다. 딸기, 수박, 멜론 등이다. 제한된 땅이니만큼 반찬으로 사용되는 것 이외의 작물을 가꾸는 것은 바람직하지 않다는 이유에서다.

### 채소 생식, 건식, 폐물 이용

감자, 고구마, 호박이 주식으로 승격된 것처럼 채소의 지위도 격상되었다. 손수 채소나 과일을 재배한 경험이 있는 이들이라면 열매 하나하나가 얼마나 소중한지, 보물 다루듯 하는 기분을 이해할 수 있을 것이다. 하물며 식량난이 심각한 시대에는 어떠했으랴.

문제는 귀중한 채소를 어떻게 요리하느냐다. 물론 정석대로 요리해서 음미하며 먹는 것이 가장 좋겠지만, 전쟁 말기에 이르면 채소를 요리하기보다 날것 그대로를 먹었다.

첫째, 썰거나 씻거나 불에 익혀서 귀중한 영양분을 없애버리고 있지는 않습니까? 둘째, 졸이거나 해서 눈에 보이게 양이 줄어들지는 않았습니까? 셋째, 시든 잎, 뿌리, 껍질 등을 아까운 줄 모르고 버리고 있지는 않습니까?

가와시마 시로 대좌(川島四郎大佐) · 시모다 요시토 박사(下田吉人博士),<br>『주부의 벗』 1944년 7월호.

토마토나 오이만이 아니라, 무나 당근, 고구마, 호박 모두 생으로 우적우적 씹어 먹으라는 말이다. 채소는 불에 익히면 양이 눈에 띄게 줄기 마련이다. 이를 아깝게 여긴 것이 아니라, 비타민을 유효하게 섭취하기 위함이라고 설명하지만 생식을 권장한 데에는 또 다른 이유가 있었다. 불을 사용하지 않아도 되었기 때문이다. 후술하겠지만 이 무렵은 불에 익히거나 굽는 것조차 자유롭지 못했던 것이다.

채소를 유효하게 활용하는 두 번째 방법은 건조시키는 것이다. 여름이나 가을철에 수확한 채소를 가장 오래 보존할 수 있기 때문이다. 소금에 절이거나 겨된장으로 만들어 먹는 방법이 있지만, 말려두면 비상식도 되고, 물에 불려서 조리할 수 있기 때문이다.

채소를 유효하게 먹는 세 번째 방법은 지금까지 버려왔던 부위를 활용하는 것이다. 모든 채소를 100퍼센트 활용하라. 껍질을 벗기라는 말은 금기어였다. 어쩔 수 없이 껍질을 벗겨야 할 때에는 껍질을 버리지 않고 조리에 사용. 기사를 잘 읽어 보면, 상상을 초월하는 방법으로 모든 부위를 사용한다. 감자 싹에서부터 누렇게 갈변한 잎이나 마른 잎에 이르기까지 하나도 버리지 말라고 하는 것은 이미 절약의 범주를 넘어버렸음을 의미한다.

### 길가의 잡초는 '신선한 채소'

귀한 채소는 건조시켜 보관해 두다 보니 비타민 결핍이 우려되었다. 그래서 주목받기 시작한 것이 길가의 채소와 잡초다.

상황이 이쯤에 이르면, 무엇이 식용이고 무엇이 식용이 아닌지 구별이 모호했다. 채소 중에는 독성이 있는 독초도 있다. 포탄에 맞아서 죽지 않더라도 독초를 먹고 죽을 수 있는 상황. 그래서 식생활 매뉴얼 북 등도 간행되었다. 베스트셀러가 된 것으로는『먹을 수 있는 들풀食べられる野草』육군 수의학교 연구부(陸軍獣医学校研究部), 마이니치신문사, 1943, 『결전식생활

연구『決戰食生活工夫集』가나가와현 식량영단(神奈川県食糧営団), 1944 등이 그것이다. 이들 책은 모두 군용 목적으로 간행되었는데(전선의 병사들에게까지 들풀을 먹이겠다는 발상이라니), 식량난에 대비하기 위해 일반인들을 대상으로 재편집한 것이라고 한다.

들풀이나 잡초 식용법과 함께 곤충 식용에 관한 기술도 보인다. 뱀잠자리·강도래·검정말벌의 유충이나 물방개, 번데기 등이 그것이다. 곤충이라고 해서 모두 징그러운 것은 아니었다. 메뚜기나 말벌 유충은 예전부터 식용으로 사용했고 뱀잠자리 강도래 유충은 약이나 낚시밥으로 알려져 있는 수서水棲곤충이다. 문제는 곤충을 먹고 안 먹고의 문제가 아니라, 곤충까지 식용으로 장려해야 했던 당시의 상황이었다.

여성지에도 들풀의 조리법이 게재되었다. 품격 있는 여성지의 체면도 있고 해서 곤충은 메뚜기 정도에 그쳤지만 들풀 이용법은 매우 구체적으로 기술되어 있다.

> 들풀은 마르거나 너무 딱딱한 잎을 떼어내고 가능하면 깨끗한 것을 채집하도록 한다. / 잎사귀 뒷면이나 뿌리 끝에 유충이나 알, 흙 등이 묻어 있으니 물로 충분히 씻어낼 것. / 들풀에는 특유 향이나 풍미가 있다. 또한, 예쁜 꽃은 먹을 수 있는 것도 있으니 잘 살려 조리하면 식탁의 즐거움을 더할 수 있을 것이다.
>
> 『주부의 벗』 1945년 4월호.

전쟁이 격화되기 전 들풀요리12쪽권두화보 참조는 이 정도였다.

## 차 찌꺼기는 채소, 단백원은 생선가루

가정에서 내다 버리는 것 중에 먹을 것이 없는지 찾기 바쁘다.

여러분 가정에서 차 찌꺼기는 어떻게 처리하고 계십니까. 하루에 먹고 남은 차 찌꺼기로 시도해 보세요. 5인 가족이라면 2컵 분량은 족히 나오겠죠. 이것을 채소 대신 사용할 수 있습니다. / 차 찌꺼기에는 단백질이 함유되어 있습니다. 시금치에 버금가는 훌륭한 녹엽소가 남아있죠. 그런데 이것은 뜨거운 물에는 용해되지 않습니다. 귀중한 영양소가 남아있는 차 찌꺼기를 그냥 버리는 것은 너무 아깝습니다.

『주부의 벗』1944년 5월호.

엽록소라는 둥 영양분이라고 부르는 것은 최후의 발악에 가깝다. 차에 함유된 비타민C는 수용성이므로 차 찌꺼기 안에 남아 있을 리 없다. 그런데 정부는 차 찌꺼기의 식용화를 진지하게 검토했던 것이다.

참고로 이 무렵 정부가 단백원으로 주목했던 것은 흥아빵에서도 등장했던 예의 '생선가루'이다. 생물은 물론 염장한 것, 말린 것, 냉동한 것, 통조림 같은 가공품도 설비가 필요하고, 무거워서 수송도 불편하다. 궁여지책으로 어분생선 대가리부터 뼈, 내장까지 모두 건조시킨 가축 사료용 가루의 식용화도 본격적으로 검토하게 된다.

"생선가루가 지금까지 사용되지 않았던 가장 큰 이유는 비린내 때문이다. 생선가루를 먹여 키운 탓일까 닭고기 및 계란, 고기, 우유 등 축산품에도 생선 비린내가 날 정도였다"히가시 히데오(東秀雄), 『부인의 벗』1944년 9월호고 하는데, 개발을 거듭한 끝에 마침내 비린내를 제거하는데 성공했다고 한다. 가히 생선의 말로라고 할 수 있다.


# 풍로도 조미료도 대용품

### 불 없는 풍로가 대활약

그런데 전쟁 중 부족한 것은 식자재만이 아니었다. 연료도 성냥도 요리에 불가결한 조미료도 모두 배급제였다.

가정용 석탄<sub>연탄, 두탄 등을 포함</sub>은 이른 시기에 배급제가 되었고, 1941년 에는 가정용 가스 사용도 규제했다. 활발한 공동취사는 가스를 절약 하는 데도 탁월한 효과를 보였다.

연료 부족은 조리에도 큰 영향을 미친다. 굽는 것, 조리는 것, 튀긴 것 등 따로따로 불을 사용해야 하는 요리는 물론 터부시되었다. 비빔 밥, 죽, 수제비 등 한 냄비에 끓이는 요리가 많았던 것은 연료 절약이 라는 의미도 있었다.

석탄이 없으면 풍로를 사용할 수 없고, 가스 사용이 제한되면 가스 풍로도 자유롭게 사용할 수 없다. 그래서 낡은 들통 등을 이용해 간이 화덕을 손수 만들어 사용하는 것이 유행했다. 연료를 절약할 수 있는 '불 없는 풍로'라는 아이디어 조리 기구도 손수 만들었다. 말이 풍로 지 집에 있는 상자나 대야 안에 이불을 깔고 신문지, 종이, 천조각 등 을 채워 넣은 보온 상자에 가까웠다. 냄비나 가마를 불에 달구어 뜨거 워지면 '불 없는 풍로' 안에 넣고 위에 이불 따위를 씌워 여열로 불을 사용하는 방법이다.

전쟁 말기에는 불 사용마저 제한되었다. 공습에 대비한다는 명목도 함께였다. 조리 중에 공습경보나 경계경보가 울리면 바로 조리를 멈추고, 방공호에 들어갈 준비를 해야 했다. 조리를 중단하기도 그렇고 그렇다고 우물쭈물하다간 목숨이 위태롭다. 불을 조심히 다루지 않으면 작은 불씨가 큰 화재로 번진다. 인화되기 쉬운 기름을 다루는 것도 문제였다.

그렇기 때문에 조리는 하루에 한 번 정도로 제한하고, 불 없는 풍로만 사용하도록 했다. 무엇보다 불을 사용하지 않아도 되는 요리나 생식 등을 고안하는 일이 시급해졌다.

## 대용 간장에 대용 마요네즈

불만이 아니라 조미료도 제한되었다. 설탕 배급은 이미 중단. 된장, 간장, 소금, 식용유 모두 배급량이 정해져 있었다. 1인 1일 양을 계산하면, 소금은 작은 숟가락 8부, 된장은 작은 숟가락 두 개 반, 간장은 큰 숟가락 하나 반, 기름은 작은 숟가락 하나 정도. 매우 소량이다.

그 때문에 여성지는 배급제가 시작되는 동시에 조미료의 계획적인 이용법을 입이 닳도록 설교했다. 간장은 진하게 우려낸 국물과 섞는다. 된장은 기름에 볶은 밀가루를 섞어 양을 늘린다. 소금 대신 절임류의 국물을 이용한다. 식초가 부족할 때는 감귤류 즙을 섞는 등 다양한 아이디어를 내놓았다.

그런데 이것도 전쟁 말기가 되면 '증량'이 아닌, 조미료를 아예 손수 만들라는 지침으로 바뀐다. 아래에 제시한 것은 종전 전후의 레시피인데, 해수까지 사용해야 할 정도로 내몰린다.

대용 조미료 이외에도 대용 토마토 소스, 대용 버터, 대용 마요네즈 등 '수제 소스' 류도 여성지의 단골 기사였다.

평소 생으로 먹지 않던 채소를 생으로 먹거나, 오래되어 풋내 나는 채소와 선도가 떨어지는 생선은 어떻게 먹어야 했을까. 마요네즈와 같이 진한 맛의 소스가 어울릴 것이다. 그런데 병에 든 마요네즈를 구하기란 하늘의 별따기. 달걀이 배합된 것도 어느새 사라져 버렸다. 수제 소스는 '먹지 못하는 것을 먹기' 위한 고육지책이었을 터다. 전시기의 메뉴에 카레가루를 사용해 만든 요리가 유난히 많았던 것도 그 때문이다.

수제 소스 레시피에 이르면 눈물 없이 볼 수 없을 지경. 밀가루풀로 맛을 낸 소스라기보다 크림 소스 같은 느낌이랄까. 그렇다고 소금이나 기름을 충분히 사용할 수도 없었으니 어설픈 맛이었을 터다. 개중에는 "간장, 소스, 식초, 소금, 후추, 기름, 우스타 소스, 고추, 귤껍질, 락교, 그 외 향신료 등등, 가지고 있는 모든 조미료를 총동원해 자신의 입맛에 맞게 조합해 조린 것"『주부의 벗』 1944년 7월호을 '채소 생식에 권장하고 싶은 수제 소스'라는 이름으로 소개한 기사도 보인다. 맛만 낼수 있으면 만사 오케이였던 것이다.

# 전투하는 식생활의 지혜

## 채소는 생으로 먹는다

### 채소를 맛있게 먹는 방법

① 가장 손쉬운 방법은 소금에 절이는 것입니다. 풋내 나는 무청도 잘게 썰어 소금을 가볍게 뿌려 버무려 줍니다. 그 안에 생강, 귤껍질 등을 잘게 다져 넣으면 풍미가 한층 더해 맛있게 드실 수 있습니다.

② 호박, 동과, 고구마, 당근, 가지 등을 얇게 썰어 소금을 살짝 뿌려두었다 물로 씻은 후 무쳐줍니다.

③ 가볍게 소금으로 문질러 채소 두 서너 가지에 배급받은 가늘게 채 썬 다시마를 얹어 먹으면 별미입니다.

④ 막 썰어서 기름에 볶아 먹어도 좋고 와사비간장이나 생강간장을 살짝 뿌려 구운 김을 곁들여도 일품입니다.

⑤ 맛에 익숙해지면 듬성듬성 크게 잘라 요리합니다.

### 생식 시 주의점

① 기생충에 주의할 것. 물에 담갔다가 햇빛에 말린 흰 쌀가루도 구하기 힘든 시기니만큼 잘 씻어서 뜨거운 물에 살짝 데칠 것.

② 또한, 영양소 손실을 생각해서 가능한 요리하기 전에 씻어서 썰 것.

③ 채소를 데친 물 혹은 소금을 뿌린 채소를 씻은 물도 버리지 말 것. 된장국이나 국물 요리에 활용할 것.

## 버리던 것 활용하기

무턱대고 영양을 따지기 전에 지금까지 왜 버려왔는지 생각해 봅시다.

① 풋내가 심한지.

② 질기고 쓰지 않은지.

③ 심이 굵고 단단하지 않은지.

④ 맛이 없지 않은지.

습관처럼 버려왔던 것은 그만한 이유가 있기 때문입니다. 그 원인을 제거하고 조리법을 연구하면 얼마든지 맛있게 먹을 수 있습니다.

① 풋내가 강한 채소는 기름에 볶거나 무쳐 먹으면 좋습니다.

② 질긴 것은 데쳐서 물에 잘 씻어냅니다.

③ 심이 굵은 것은 잘게 다지거나 갈아서 먹으면 식감도 좋고 맛있습니다.

이렇게 먹기 힘든 요소들을 제거하면 됩니다.

감자와 가지 이파리는 데쳐서 다른 잎채소처럼 요리합니다.

무청은 아직도 쓰레기통에 버려지는 것이 보입니다. 삶아서 말려두세요. 이렇게 한 번 열을 가해서 건조시킨 것은 물에 불려 먹으면 영양소 손실도 없습니다.

감자 껍질은 날 것으로 먹지 않는 이상 절대 껍질을 벗기지 말 것. 독성이 있는 싹 부분의 솔라닌은 열을 가하면 어느 정도 사라집니다. 껍질을 벗길 경우는 말려서 가루로 만들어 둡니다. 딱딱한 빵이나 비스킷, 그 외 밀가루 대용으로 귀하게 사용할 수 있습니다.

오이와 양배추 심은 당근이나 양파와 마찬가지로 국물을 우릴 때 사용하면 단맛을 낼 수 있어 조미료를 절약할 수 있습니다.

가와시마 시로 대좌·시모다 요시토 박사, 『주부의 벗』 1944년 7월호.

## 들풀 먹는 법 1

### 민들레 칼슘 무침

민들레 어린잎을 살짝 열탕한 후 물에 헹궈둡니다. 구운 생선 머리와 뼈, 달걀 껍데기 등을 갈아 으깨고, 다시마가 있으면 구운 후 갈아서 기호에 따라 맛을 내어 무쳐줍니다.

민들레의 쓴맛을 제거하려면 데친 후 얼마 동안 물에 담가 둡니다. 민들레의 쓴맛은 국화과 식물 특유의 영양소이므로 제거하지 않는 편이 좋습니다.

## 무침이나 절임류에 적합한 것

뱀밥, 명자꽃, 제비꽃 감자풀, 쑥, 참소루쟁이, 별꽃, 개보리뺑이, 쇠비름, 질경이, 명아주, 달래, 팽이밥, 두릅 등.

## 달래 된장국

들에서 1센티 정도 난 싹을 캐면 락교 크기의 동그란 뿌리에 희고 긴 뿌리가 나옵니다. 잘 씻어서 국물 건더기로 사용합니다. 귤껍질을 건조시킨 것을 함께 넣으면 맛이 훨씬 좋습니다.

## 된장국에 어울리는 것

토끼풀, 별꽃, 신선초 등

## 아카시아꽃 볶음

아카시아꽃 맛을 아시나요? 조선, 만주에서는 들풀과 함께 자주 이용합니다. 꽃은 먼지만 털어 내고 꽃대는 살짝 볶아 소금간을 합니다.

## 볶음요리에 어울리는 것

자운영, 패랭이꽃 어린잎, 쇠무릎, 쇠뜨기, 둥굴레 등.

가와시마 시로 대좌, 『주부의 벗』 1944년 5월호.

## 들풀 먹는 법 2

### 명아주

들풀 가운데 가장 맛이 좋고 영양가가 풍부함. 시금치 대용으로 살짝 삶아서 무쳐 먹거나 건조시켜 분말로.

### 쇠비름

반들반들하고 얇은 빨간 줄기. 삶아서 초된장으로 무치면 별미.

**멍울풀**

엷은 붉은색 줄기가 흡사 느티나무 이파리와 닮았다. 살짝 데쳐서 무침요리로. 껍질을 벗겨서 갈면 감자 간 것 대용.

**개오동나무 잎, 칡잎**

뜨거운 물에 데친 후, 건조시켜 분말로 만든다. 빵 종류를 만들 때는 밀가루 2 할 정도까지 첨가할 수 있다.

『주부의 벗』 1944년 9월호.

## 차<sup>찌꺼기</sup> 먹는 법

### 차밥

본격적인 무더위가 찾아 오면 밥이 쉬 상하는데, 차나 차 찌꺼기를 넣어 두면 어느 정도 막을 수 있습니다. 소금으로 간을 해 두는 것도 방법입니다. 조스이 나 죽에도 자주 이용해 주세요.

### 차가 들어간 찐빵

채소빵 만드는 법과 동일합니다. 밀가루 양만 조금 늘려 주시고, 약 3할 정도 의 차 찌꺼기를 섞은 후 제철 된장으로 맛을 냅니다. 밀가루, 잡곡가루를 준비 할 수 있으면 꼭 시도해 보세요. 밀가루 두 컵에 베이킹파우더 티스푼 3~4개, 된장 큰술로 가득 1개, 물은 8부 정도.
우선 된장을 준비한 물에 녹이고 차 찌꺼기를 넣습니다. 밀가루와 베이킹파우 더를 함께 넣어 섞은 후 젖은 천을 깔고 찜기에 강한 불로 쪄냅니다.

### 조림 요리

건조시킨 채소 등과 함께 기름에 볶은 후 간장 소스로 졸여 줍니다. 도시락 반 찬으로 요긴하게 사용할 수 있습니다.

**무침요리**

갖은 채소를 넣고 깨, 땅콩, 두부 등을 넣고 무쳐 보세요. 황홀한 맛이 납니다. 이런 방식으로 채소 부족을 어느 정도 메울 수 있을 것입니다.

이 외에도 된장국, 장아찌류, 절임류 등 활용법은 무궁무진합니다. 이렇게 보면 차는 마시는 것이라기보다 먹는 것, 차보다 차 찌꺼기가 활용도가 더 높다고 할 수 있습니다.

가와시마 시로 대좌, 『주부의 벗』 1944년 5월호.

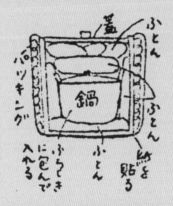

『부인의 벗』 1943년 11월호

다루(樽 : 술·간장 등을 넣어 두는 크고 둥글며 뚜껑이 있는 나무 통), 오케(桶 : 나무통), 나무통 등의 안쪽과 바깥쪽에 종이를 붙인다. 봉지 모양으로 이어붙인 천에 다루를 넣고, 주위에 대팻밥이나 천조각을 채운다. 안쪽에 누빈 이불 조각을 넣어도 좋다.

# 대용 조미료와 소스 연구

## 진한 소금물 만드는 법

가정에서 소금 만들기 번거로우셨죠? 이제 해수만 있으면 손쉽게 만들 수 있습니다. 우선, 해수를 10분 정도 끓여서 깨끗한 행주에 여과시킨 후, 2~3일간 햇볕을 쬐어줍니다. 이렇게 하면 매우 진한 소금물이 만들어집니다. 간장과 섞어 사용합니다. 해수는 가능한 맑게 갠 날, 먼 바다에서 채취하는 것이 좋습니다.

## 대용 간장 만드는 법

농도가 짙은 소금물에 다시마, 미역, 톳 등 다양한 해조류를 넣고 끓이면 색감도 좋고 맛도 좋으며, 간장 같은 맛을 낼 수 있습니다. 여기에 볶은 콩이나 배합 간장을 넣어주면 한층 더 고급스러운 맛을 낼 수 있습니다. 콩이나 다시마 등도 버리지 말고 드세요.

## 배합 된장을 두 배로 늘이는 법

배합 된장에 같은 양의 고구마와 된장 100돈$^{370g}$당 15돈$^{50g}$에서 20돈$^{70g}$의 소금을 함께 넣어 잘 섞어 줍니다. 이것을 유탄포에 넣어 수건이나 이불 등으로 잘 감싼 후 2틀 정도 적당한 온도를 유지시키면(겨울에는 식지 않도록 따뜻한 물을 계속 넣어 줍니다) 손쉽게 된장 양을 2배로 늘일 수 있습니다.
이렇게 하면 오래 두어도 곰팡이가 슬지않습니다.

## 채소로 대용 설탕 만드는 법

당근과 호박 줄기, 고구마 등을 갈아서 소쿠리에 행주를 깔고 그 위에 펼쳐 놓습니다. 바삭하게 햇볕에 말려서 질냄비나 프라이팬에 눌어붙지 않도록 볶은 후, 분말로 만들어 병에 넣어 보관합니다. 장아찌, 무침, 찐빵 등에 사용합니다.

## 달걀을 넣지 않은 마요네즈

밀가루(생콩가루도 좋습니다)로 풀을 쑤어 식힌 후, 소금을 넣고 식초 1에 기름 10의 비율로 섞어서 잘 저어줍니다. 겨자를 풀어 넣어도 좋습니다.

감자나 고구마를 쪄서 잘 으깬 후 소금, 후추, 식초를 넣어 완성합니다. 이렇게 하면 달걀이나 기름이 필요 없습니다.

## 볶은 콩 대용 버터

콩을 구수한 맛이 날 때까지 볶아 줍니다. 잘 으깬 후 소금, 기름을 살짝 넣어 잘 섞어 주면 땅콩 맛이 나는 버터가 완성됩니다.

『주부의 벗』 1945년 8월호.

## 양이 적은 재료는 으깨서 조미료로 활용

5인 가족에 배급되는 생선은 단 한 마리. 방법이 없다고 포기하지 마시고 조미료를 활용해 색다른 맛을 내보세요.

### 으깬 생선 소스

생선 약간, 단무지같은 채소도 좋습니다, 무청당근 이파리 등.
생선은 쪄서 으깬 후 잘게 다진 재료와 함께 대용 마요네즈에 섞어 둡니다.

### 젓갈 소스

젓갈, 파, 귤껍질, 무청, 당근 등. 젓갈은 칼로 두드려서 잘게 썬 채소와 함께 섞어 놓습니다. 소금에 절인 연어와 대구 등도 으깨어 응용하면 좋습니다.

『주부의 벗』 1944년 9월호

**토마토 소스**

### 재료

토마토, 무청<sup>푸른잎 채소면 무엇이든 좋습니다</sup>, 부추<sup>없어도 좋습니다</sup>, 조미료 약간.

### 만드는 법

밀가루로 풀을 쑨 후 약간의 기름, 소금, 후추, 간장 등으로 간을 합니다. 채소
가 있으면 잘게 썰어 넣습니다.

『주부의 벗』 1944년 9월호.

# 공습경보가 울리면

**볶은 쌀이나 고야두부 모두 건빵을 대신하는 먹거리**

그런데 여기까지는 아직 일상생활이 가능했을 때의 이야기다. 전쟁 말기가 되면 비상식량이 등장하는 등 식생활에 커다란 파도가 밀려든다. 당장 오늘 한 끼가 궁한 판에 긴급용 식량까지 따로 확보해 두어야 했으니 말이다. 그것이 공습하 생활이었다.

긴급용 식량 준비는 3단계로 나눌 수 있다. ① 장기전용 비상식, ② 단기결전용 휴대식, ③ 비상취사 준비가 그것이다. 잡지에 게재한 것은 이상적인 예로, 실제로 이렇게까지 준비하는 것은 불가능했을 터다. 그 구체적인 실상을 들여다보자.

비상식은 비상용 봉투에 넣어 두는 보존식이다. 지진 등의 재해에 대비해 비상용 봉투에 넣어두는 건빵 같은 종류로, 조리하지 않고 그대로 먹을 수 있을 것, 장기보존 가능할 것, 휴대가 간편할 것, 소량이라도 충분한 영양소가 함유되어 있을 것, 여러번 먹어도 질리지 않을 것 등의 요소를 충족해야 한다.

이 모든 요소를 갖춘 배급 건빵은 양이 정해져 있었기 때문에 일본 전통 비상식이라고 할 수 있는 '호시이糒:말린밥'나 '이리고메炒り米:볶은쌀'를 항상 준비해 두도록 했다. 매일 배급되는 쌀에서 일정량을 공제해서 조금씩 이리고메를 만들어 두는 식이다.

비상 식량하면 말린 밥을 많이들 생각하시는데, 말리는 데 수고로움이 동반되고 시간이 너무 오래 걸립니다. 집집마다 씻은 쌀 한 톨이라도 빠질

새라 소중히 접시에 담아 햇볕이 들 때 잘 말립니다. 이렇게 2~3시간 두면 바짝 마르는데 조금씩 만들어 깡통에 저장해 둡니다.

『주부의 벗』 1944년 4월호.

이러한 일억옥저축－億玉貯金으로 얼마나 많은 비상미가 비축되었을지는 의문이지만, 안 하는 것보다는 나았으리라. 비축한 볶은 쌀과 말린 밥은 비상시를 위해 깡통에 넣어 소중히 보관했다.

쌀 이외의 비상식으로는 볶은 콩이 있다. 그리고 오징어, 고야두부高野豆腐 : 두부를 잘게 썰어 얼려서 말린 것, 무말랭이, 박고지, 다시마, 말린 표고와 같은 건조식품들. 물론 수제 건채소도 여기에 포함된다. 건조식품은 장기 보존이 가능하며 휴대도 간편한 훌륭한 비상식이다. 물에 불려서 조리도 가능하다. 고야두부가 건빵을 대신하는 먹거리였다는 사실도 흥미롭다.

### 마지막 준비, 방공식과 전장식

휴대식은 단기 결전용 식량이다. 하루 정도 견딜 수 있는 '도시락'인 셈이다.

공습하 생활은 늘 위험이 뒤따른다. 매일 밤마다 경계경보와 공습경보가 울리는 생활. 식사 중이든 취침 중이든 가리지 않고 울린다. 출장지에서 경보가 울려 발이 묶이거나 배급이 며칠씩 멈추거나 심한 경우는 집이 불타버릴 수도 있다. 외출 시에는 반드시 식량을 휴대해야 했다. 그 때문에 언제 경보가 울리든 그날그날의 식사를 간편하게 해결할 수 있는 휴대식이 장려되었다.

경계경보가 울리면 바로 준비해야 하는 것이 두 가지 있다. 우선 주위에 있는 용기에 식용수를 저장해 둘 것. 그 양은 1인 1일 2리터. 그리고 만일을 대비해 하루를 버틸 수 있는 즉석 휴대식을 준비할 것. 주먹밥이 가장 좋긴 하지만, 그 정도의 쌀이 있다면 걱정하지도 않았을 터. 그래서 방공호에 가져갈 찐빵 등이 고안되었다. 미리미리 만들어 두어 외출 시에도 휴대하도록 했다.

마지막으로 준비할 것은, 공습으로 불타버렸을 경우를 상정한 '비상취사'다. 소중한 식자재는 땅 안에 묻거나 해서 보관. 피난 시에는 꼭 필요한 조리기구와 식기를 들통 등에 넣어 옮긴다.

목숨은 건졌지만 집이 불타버린 사례도 적지 않았다. 전쟁은 전쟁이었기 때문이다. 공습으로 불탄 지역에는 식사가 제공되었지만, 그것도 잠시. 불탄 자리에서 어떻게든 생활을 이어가지 않으면 안 되었다.

> 주부들이여, 손수 길가의 땅을 파서 화덕을 만들고 휴대한 그릇을 걸고 따뜻한 전장식의 연기를 피웁시다. 드디어 소중하게 보관해 온 비상미, 비상용 저장식품을 꺼낼 시간입니다.
>
> 쓰쓰이 마사유키, 『주부의 벗』 1945년 2월호.

이제부터 완전한 야전생활, 아니, 고대의 야전장이다. 비로소 수제비의 가치를 알게 될 것이다. 따뜻한 국물은 피로에 지친 몸과 마음을 추스르는 데 도움을 주었을 게다. 방공호 안에서 먹을 수 있는 즉석 휴대식을 '방공호식', 야외에서의 비상취사를 '전장식'이라고 불렀다.

# 공습 대비 비상식

## 볶은 쌀을 만드는 세 가지 방법 5쪽 권두 화보 참조

Ⓐ 현미 또는 배급 쌀을 생으로 질냄비나 프라이팬에 천천히 볶다가 화력은 중간 정도가 적당
소금을 흩뿌립니다. 구수하고 맛있으며 적은 양으로 포만감을 느낄 수 있는 최고
의 비상식.

Ⓑ 쌀을 3~4시간 물에 불린 후 건조시켜 앞서처럼 볶다가 소금을 뿌립니다. 생으로
볶은 것보다 부드러우며 양도 늘어서 치아가 약한 분이나 어린이에게 안성맞춤.

Ⓒ 프라이팬에 약간의 기름을 둘러 열을 가하고 물에 불려 말린 쌀을 볶아 내면 맛도
있고 포만감도 있습니다. 또한, 말린 멸치나 말린 치어류를 잘게 다져 곁들이면 훨
씬 맛있습니다.

『부인구락부』 1944년 9월호.

## 주식을 보충하는 비상식

### 고야두부

고야두부는 생으로 먹을 수 있습니다. 이것이야말로 일본 전통의 훌륭한 건빵,
비스킷입니다. 처음은 입안이 까끌까끌할 수 있으나 조금 입에 머금고 오래 씹
으면 깊은 맛이 납니다. 질 좋은 식물성 단백질이자 육류를 대신하는 훌륭한
휴대식입니다.

### 전차 煎茶

들풀 대용이라고 생각하고 확보해 두세요. 차는 흔히 마시는 것으로만 생각하
는데 차잎을 씹어 먹어도 좋고 이것만 있으면 들풀 류가 없어도 건강을 지킬
수 있습니다.

가와시마 시로 대좌, 『부인의 벗』 1944년 5월호.

## 보존 가능한 휴대식

밤에 1일 1회 조리해서 저녁, 아침, 점심 식사 준비를 해 놓지만, 점심부터 저녁까지

아무것도 없으면 불안하므로 비상 준비식을 3일마다 준비해 둡니다. 식기, 볶은 쌀, 통조림 종류와 함께 작은 하이초蠅帳:파리가 못 들어가도록 금속 망사를 친 씌우개에 넣어 방공호에 보관해 둡니다. 외출 시에는 휴대식을 반드시 지참합니다.

### 고구마 밀가루 찐빵

고구마를 찐 후 같은 분량의 밀가루를 넣고 소금간을 살짝 해서 잘 치대줍니다. 모양을 잡아 쪄줍니다. 한 입 크기로 잘라 먹습니다.

### 된장 찐빵

만드는 법은 찐빵과 동일합니다. 밀가루 4합720cc에 된장 20돈70g의 비율로 섞고 베이킹소다도 넣어 줍니다. 된장을 넣으면 풍미도 좋고 보관하기도 좋습니다.

오구라 쓰네코大倉経子, 『부인의 벗』 1944년 12월호.

### 비지 센베

비지를 배급 받는 날에 만들어 보세요. 비지와 동량의 밀가루를 섞어 약간의 소금을 넣고 반죽한 후 방망이로 얇게 펴서 둥근 모양이나 사각으로 잘라 프라이팬에 소량의 기름을 두르고 구워냅니다.

가쓰우라 유키에勝浦雪枝, 『부인의 벗』 1944년 12월호.

## 불탄 자리에서 비상 취사하기

요리 도구가 없어도 양동이 하나로 밥을 지을 수 있습니다. 세수대야로 국도 끓일 수 있고 조림도 할 수 있습니다. 대피호 입구에 있는 삽, 이것은 훌륭한 프라이팬. 만약 기름이 있으면 이것으로 비상주머니 속 말린 채소를 볶을 수 있습니다. 이렇게 하면 맛있는 식사가 완성됩니다. 폭풍우에 떨어진 기와장도 귀중한 조리도구가 됩니다. 쌀이나 콩을 즉석에서 볶을 수 있습니다. 말린 생선도 구울 수 있습니다.

가와시마 시로 대좌, 『주부의 벗』 1944년 10월호.

## 미역 수제비

관동대지진 당시 모든 것이 불타버린 곳에서 처음으로 생긴 것이 수제비 가게라고 합니다. 밀가루가 있다면 우선 야전 수제비로 배를 채웁시다. 밀가루를 반죽해서 한입 크기로 잘라 끓입니다. 밀가루 반죽이 잘 익어 물 위로 떠오르면 미역과 말린 멸치를 넣고 된장으로 간을 합니다. 수제비는 찬밥과 밀가루를 섞어 만들어도 좋고 잡곡가루를 넣으면 이 또한 별미입니다.

마쓰노 아이코松野愛子, 『주부의벗』 1944년 2월호.

## 즉석 수제비

뜨거운 물만 있으면 손쉽게 만들 수 있습니다. 볶은 쌀가루 또는 밀가루를 볶은 것을 뜨거운 물에 잘 반죽해서 둥글게 만든 후, 뜨거운 물에 간장을 적당히 풀어 끓입니다. 된장으로 간하면 더욱 맛있습니다.

가와시마 시로 대좌, 『주부의 벗』 1944년 10월호.

제5장

# 전쟁과 식생활
## 불탄 자리의 레시피

모든 것이 불타버린 패전 직후의 하치오지시(市),
점령군 차량이 보인다.

# 전쟁이 바꿔 놓은 일본인의 밥상 풍경

## 전쟁이 끝난 날

1945년 3월 무렵부터 공습은 점차 격화되었고 횟수도 늘었다. 군수공장이나 군사시설을 표적으로 삼았던 공격이 점차 도시로 옮겨오면서 일반 시민들의 생활에도 막대한 지장을 초래했다.

3월 10일 도쿄대공습은 그중에서도 희생자가 많았던 공습이었다. 사망자는 약 10만 명. 도쿄의 4할이 소실되었고, 27만 호가 불탔다. 그 후 공습은 지방 도시로 파급되어 패전까지 공습 피해를 입은 시가지만 어림잡아 140곳을 상회한다. 한편, 미군은 2월에 이오섬硫黄島을 점령, 4월에는 오키나와 본섬에 상륙했다. 일본 유일의 지상전인 오키나와 전투沖縄戦가 3개월이나 지속되었고, 10만 명 이상의 민간인이 희생되었다.

누가 보더라도 일본의 패배는 기정사실이었다. 5월, 독일의 항복으로 유럽의 제2차 대전은 종결되었다. 이탈리아도 1943년에 항복했으니 아직 집요하게 전쟁을 이어가는 것은 일본뿐이었다.

8월 6일 히로시마에, 9일 나가사키에 원자폭탄이 투하되고, 소련까지 전쟁에 가담하면서, 1945년 8월 15일, 일본의 무조건 항복이 결정되었다.

이렇게 해서 기나긴 전쟁이 끝났다. 국민 1인당 에너지 섭취량이 1931~40년 평균치가 100이었다면, 이 해에는 66이었다. 국민식영양기준인 2,400킬로칼로리는커녕 1,800킬로칼로리도 충족하지 못했다. 정확한 통계는 없지만 영양실조나 기아로 죽은 아기, 어린이,

노인, 병자들도 많았을 것이다.

여성지의 분위기는 45년 8월을 경계로 급속히 맥이 빠진다. '결전', '비상', '전장'과 같은 용어 또한 보이지 않게 되었다.

## 식감도 없고, 맛도 없고

그럼 이쯤해서 전시 요리, 그리고 식생활 사정은 어떠했는지 이야기를 이어가 보자.

무엇보다 양이 절대적으로 부족했다. 누구나 알고 있는 사실이지만, 전시 레시피를 들여다 보면 보다 명확하게 간파할 수 있다.

우선 식감이나 씹는 느낌을 거의 느낄 수 없다는 사실. 푸석푸석하거나 흐물흐물한 것뿐. 그렇지 않으면 딱딱하거나 질긴 것들. 전쟁은 바삭하고 아삭한 맛을 빼앗아 갔다.

그리고 맛 자체가 없었다. 조미료를 아껴 썼기 때문에 간이 제대로 되지 않았다. 게다가 연료가 제한적이어서 불을 자유롭게 사용하지 못했고, 냉장고도 없었기 때문에 따뜻한 것도 찬 것도 아닌 미지근한 음식을 먹어야 했다. 불을 사용해 만든 죽이나 수제비는 따뜻하게 먹을 수 있는 것만으로도 만족스러웠을 터다.

게다가 전시에는 식품의 질이 많이 떨어졌다. 밀가루나 우동은 거무튀튀했고, 가정에서 정미한 쌀은 깔깔했고, 된장이나 간장이나 기름도 맛이 없었다. 생콩가루나 생선가루 같은 강렬한 냄새를 풍기는 식재료도 불가피하게 사용해야 했다. 같은 레시피로 만든 요리라도 지금의 재료로 만든 것과는 크게 달랐다.

그런 가운데에서도 여성지의 요리 기사는 평소 설파했던 '영양'이나 '애정'이라는 두 가지 키워드를 마지막까지 사수했다. 전시 식자재의 한계와 여성지의 특수성이 결합되어 탄생한 독특한 문화라고 할 만하다.

무릇 여성지 속 레시피는 평소의 식생활과는 동떨어진, 고급스럽고, 센스 있는 요리를 제시하기 마련. 그렇기 때문에 당시 식생활 사정은 여성지 레시피가 제시한 것보다 훨씬 더 비참했을 터다. 오로지 생존을 위한 요리법만 남았다.

## 수면부족과 중노동, 그리고 배고픔

맛이나 식감과 함께 또 하나 잊어서는 안 될 것이 있다. 공복에 더하여 당시 생활은 육체적, 정신적인 피로감이 극심했다는 사실이다.

식사 준비 하나만 보더라도 어마어마한 시간과 수고로움을 요했다. 배급을 위해 날마다 줄을 서야 했고, 먼 곳까지 물건을 구하러 나가지 않으면 당장 오늘 한 끼를 해결할 수 없었다. 조리 준비에도 많은 시간이 걸렸다. 현미를 방망이로 두들겨 정미하거나, 잡곡을 절구에 빻아 가루로 만들어야 했으며, 물에 몇 시간을 불리거나 풍로에 볶아야 하는 식재료들이 대부분이었다. 게다가 밭에서 채소를 재배해서 말리는 작업도 해야 했다. 먹기 위해 소비해야 하는 시간과 에너지가 너무 컸던 것이다.

이뿐만이 아니다. 입을 것도 부족해 손수 바느질을 해야 했다. 한 조사에 따르면 옷을 짓는 데 하루 평균 6시간을 소비했다고 한다. 거기다 도나리구미나 부인회 등 외부 활동도 해야 했다.

아이들도 마찬가지였다. 14세 이상 남녀 근로봉사가 의무화되었고, 중학생이나 여학생도 공장이나 농촌으로 동원되었다. 소小국민이라고 불렸던 아이들조차 학교에서 밭을 갈고 소개지에서도 농사일에 시달렸다.

수면시간도 턱 없이 부족했다. 전쟁 말기에는 매일 밤 공습경보가 울리는 통에 단 하루도 이불 덮고 편히 잠을 청하지 못했다고 한다.

정신적인 중압감도 만만치 않았다. "욕심부리지 않겠습니다. 승리할 때까지", "사치는 적이다"와 같은 표어 앞에서 참고 인내하는 것은 당연한 일로 여겼다. 도나리구미의 따가운 시선이 있기 때문에 마음대로 행동할 수도 없었다. 일상생활 자체가 피로와 힘듦의 연속이었다. 식량 때문에 싸움도 비일비재했다.

이렇게 수면부족과 중노동에 시달리면서 밥이 없다는 것, 바로 그것이 전쟁의 본질일지 모른다.

# 히로시마広島 초등학생의 시

**무제**無題

요시코 짱이

화상으로

누워 있다

토마토가

먹고 싶다고 해서

어머니가

사러 간 사이에

요시코 짱이

죽어버렸다

고구마만 먹다가

죽었구나 하며

어머니는

울었다

나도

울었다

모두

울었다

히로시마시広島市 초등학교 5학년 사토 도모코佐藤智子,
『내가 어렸을 때わたしがちいさかったときに』

### 일본인의 체격 변화(14세 남녀)

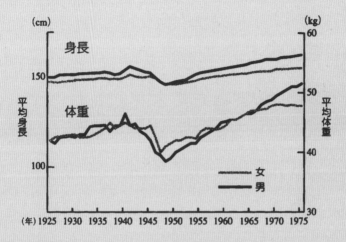

1940~48년도 남자 평균 신장은 10센티, 평균 체중은 8킬로 감소했다. 전쟁 전 수치를 회복하기까지 10년이 걸렸다.

공습으로 파괴된 신바시역新橋駅 앞도 밭으로 활용했다.

# 전쟁 중 먹거리에 대한 기억

## 비지

센다초<sup>千田町</sup>에서 두부를 만들어 판다는 이야기를 듣고 찾아가 보니 가게 앞에 긴 줄이 보였다. 자유 판매 비지를 구입하려는 사람들의 행렬이었다. 나도 오랜 기다림 끝에 비지 한덩어리를 손에 넣었다.

그날 저녁에는 그 비지에 밀가루를 조금 넣고 소금으로 간을 해 식구들이 둘러 앉아 비지만두를 구워 먹었다. 아이들은 오랜만에 포만감을 느꼈는지 기분 좋게 놀았다. 그 후로 문이 닳도록 두부가게를 드나들었다. 그때마다 장롱 속 목면 옷들이 하나 둘씩 사라졌다.

히로시마시<sup>広島市</sup> 오쿠보 요코<sup>小久保よう子</sup>,
『생활수첩96 전시생활의 기록』.

## 고구마 만두

가정의 정원은 모두 밭으로 변해 있었습니다. 호박, 고구마 등을 심었는데, 그 호박은 한아름이나 되는 크기가 아주 컸던 걸로 기억합니다. 진짜 컸던 것인지 아니면 내가 체구가 작았기 때문인지 크기에 대한 감각이 정확하지는 않습니다.

고구마는 줄기까지 식량으로 사용했습니다. 고구마를 얇게 썰어 햇볕에 말려 가루를 내어 떡을 만들거나, 고구마를 썰어 그 위에 밀가루를 입혀 튀겨 먹습니다. 그 모양이 마치 모자를 쓴 것 같아 누가 지었는지 모르지만 '모자 쓴 만두'라고 부르기도 했습니다.

지바시<sup>千葉市</sup> 신가이 세쓰코<sup>真貝節子</sup>,
『별책 중앙공론2 부모가 아이에게 남기는 전쟁 기록<sup>別冊 中央公論2 親が子に残す戦争記録</sup>』.

## 겨로 만든 경단

매일 먹는 옥수수 죽 안에 어머니가 겨를 조금씩 넣기 시작했습니다. 일을 마치고 돌아오면 야밤에 어머니와 옥수수가루를 빻아야 했는데, 피곤이 몰려와 몹시도 힘들었던 기억이 있습니다. 갈아서 체에 치기를 몇 번을 반복해서 얻게 되는 한 주먹 정도의 겨. 어느 날 밤 어머니께서 내게 말씀하셨습니다. "한 번만 더 갈아서 둘이 같이 구워 먹을까?" 그날 밤 어머니와 단둘이 먹었던 작은 매실 크기의 겨로 만든 경단. 왠지 자고 있던 가족들에게 미안한 마음이 들었습니다. 아무것도 넣지 않았습니다. 소금도 없었습니다. 장아찌 국물도 버리지 않고 경단 반죽에 사용하곤 했습니다.

옷카도<sup>おっかど</sup>라고 불리는 나무 열매는 소금기를 머금고 있어 그것을 빨아먹기도 했습니다. 그런데 이 열매를 어찌나 많이 빨아 먹었던지 혓바닥에서 피가 나기도 했습니다.

오메시<sup>青梅市</sup> 아라이 오이쓰<sup>新井オイツ</sup>,<br>『생활수첩96 전시생활의 기록』.

## 수제 과자

한 달에 한 번<sup>집단 소개지에</sup> 면회하는 날이 있는데, 그때가 되면 도시에서 부모님들이 배낭한 가득 식량을 들고 옵니다. 그날은 아이들의 축제날입니다. 과식을 해서 배탈이 나기도 했습니다. 모두 부모님들이 손수 만든 것이었습니다. 말린 우동을 기름에 튀긴 것, 배급받은 콩을 볶은 것, 콩을 볶아 소금을 뿌린 것<sup>오글오글 주름지고 온기가 있으며 부드럽다</sup>, 누에콩 볶음 등입니다. 이렇게 요즘 아이들은 쳐다보지도 않는 과자 대용 식량을 아이들은 소중하게 차 등이 담겨 있던 빈 깡통에 담아 각자의 고리짝에 넣어두고 허기를 채우곤 했습니다.

아이치현<sup>愛知県</sup> 와타나베 레이코<sup>渡辺玲子</sup>,<br>『생활수첩96 전시생활의 기록』.

# 전쟁은 목숨만이 아니라 식량도 빼앗는다

**전지에 보내야 해서 식량이 없다?**

근본적인 문제로 돌아가 생각해 보자. 전쟁은 왜 식량 부족 사태를 초래했을까?

전쟁 체험자들은 군대에 식량을 공출해야 했기 때문이라고 입을 모은다.

그런데 병사들 몫 때문에 식량이 부족했다는 것은 이유가 되지 못한다. 병사가 몇 명이든 국민 총 인구 자체는 변하지 않기 때문이다. 일본군이 식량문제를 대수롭지 않게 여겼던 것도 있다. 태평양전쟁이 원활하게 전개되지 못한 이유 중 하나는, 식량 조달에 실패했기 때문이다. 보급선이 하나둘 침몰하고, 병사들은 남방의 섬에서 스스로 땅을 개척해서 감자나 호박을 재배해야 했다. 아사자들이 속출했다. 전지는 내지보다 식량난이 훨씬 심각했다.

어째서 전쟁은 식량 부족 사태를 초래했을까?

첫 번째 이유는, 모든 산업이 군수를 우선시했기 때문이다. 남자들 대부분은 전지에 동원되었고, 후방의 남녀들은 군수산업에 착출되었다. 게다가 섬유공장이나 식품공장 등 일용품을 만드는 공장은 모두 군수공장으로 바뀌었다. 농촌은 일손 부족으로 그 전까지 늘어가던 쌀 생산량이 1940년을 정점으로 감소세로 돌아섰다.

또 다른 하나는, 수송 문제다.

전쟁이 일어나면 어느 나라든 '식량의 국내 자급'을 외친다. 경제봉쇄와 해상봉쇄 등으로 수송로가 막혀 밖으로부터 물자가 들어올 수 없게 되었기 때문이다. 식료품만이 아니다. 석유나 고무나 자원 등이 공급되지 않으면 근대 국가 기능은 사실상 마비된다. 실제로 1941년에 미국이 대일 석유 수송을 금지하자 일본은 큰 타격을 받았다. 그 공백을 메우기 위해 동남아시아로 진출을 꾀하게 되면서 태평양전쟁을 일으킨 것이다. 제공권이나 제해권도 빼앗기고 비축한 자원은 점차 감소해갔다. 연료 부족으로 국내 수송마저 어려워졌다.

전쟁을 전투와 공습만으로 생각한 탓이다. 그러나 전투는 전쟁의 극히 일부분에 지나지 않는다. 물자의 조달, 운반, 분배가 원활히 돌아가도록 하는 일도 전투 못지 않게 중요하다. 일본 정부와 일본군은 그 부분을 소홀히 한 것이다.

### 식용 가루, 도토리, 해초면

일본의 패배가 가시화되던 1944~45년 2년간은 밖으로부터 들여오는 쌀이 한 톨도 없게 되었다. 공습으로 인해 도시 기능이 전면 마비. 정부는 패전을 바로 눈앞에 둔 1945년 7월, 드디어 주식 배급을 2합 3작330g에서 1할을 더 줄이기로 결정한다.

1945년 가을 무렵부터는 쌀마저 손에 넣을 수 없게 되었다. 공전의 흉작과 공출 의욕을 잃은 농가가 공출을 꺼렸기 때문이다.

이 무렵부터 쌀 대용식으로 '식용 가루'라는 정체불명의 곡물 가루와 '해초면'이라는 정체불명의 건면이 배급되기 시작했다.

'식용 가루'라고 하는 것은 밀가루가 아니었다. 보리에 여러 곡류를 섞어 갈아 만든 '가루'였다. 밀기울이 섞여 있거나, 무슨 가루인지도 모를 것들이 섞여 있었다. '해초면'은 해초를 건조시킨 것으로, 물에 불리는 데만 2시간이나 걸리는 아주 딱딱한 것이었다. 모양새는 면을 닮았지만 원료가 해초였기 때문에 칼로리는 제로, 영양분도 제로. 있는 건 유일하게 식이섬유. 이것이 슬픈 '주식'의 말로다. 여성지에는 도토리 활용법도 실렸다.

## 여전히 계속되는 식량난

전쟁은 먹거리의 지위도 변화시켰다. 전쟁 초기만 하더라도 고구마나 호박은 '대용식', '증량재'의 지위에 있었다. "아아, 또 호박이야?"라는 말이 가능했던 시기. 그런데 식량난이 점차 심각해지자 "하다못해 호박이라도 배불리 먹을 수 있었으면" 하고 바라게 되었다.

전후의 식량난은 전시 이상으로 비참했다. 주식은 여전히 고구마. 불탄 자리에서 판잣집 생활을 다시 시작해야 했던 사람들을 기다리고 있던 것은 '다케노코たけのこ:죽순 생활'이었다. 농가에서 식량과 옷을 교환하기도 했다. 옷을 하나씩 팔아 생활하는 사태를 꼬치에서 곶감 빼 먹듯 하다는 속담에 빗대어 표현한 것이다. 물건을 구하러 다니는 노고도 전시기 이상이었다. 전쟁이 끝나도 식량 사정이 바로 개선되지 못했던 것이다.

식량난은 분명 비참했다. 그러나 타이완, 조선, 만주와 같은 식민지나 점령지의 식생활은 일본보다 훨씬 더 고통스러웠을 것이며, 일본 농가도 비참하긴 마찬가지였다.

전시 식량난은 지금도 세계 여기저기서 발생하고 있다. 전쟁의 영향으로 식량이 없어지는 것이 아니라, 식량이 없어지는 것이 바로 전쟁인 것이다. 그런 의미에서 전쟁터 한가운데 있건 '총후'건 모두 전투 상황이긴 마찬가지다. '전시하'가 아닌 '전쟁 중'의 레시피라고 불러야 하는 이유이다. 이러한 상황에서 겨우 벗어나게 되는 것은 1949년 무렵이다.

# 도토리도 식용으로

도토리 가루는 반죽해서 몇 회에 걸쳐 먹을 수 있습니다. 도토리 가루만 물에 반죽하면 잘 뭉쳐지지 않으므로 반드시 뜨거운 물에 반죽할 것. 감자 가루 등과 섞어 먹어도 좋습니다.

### 도토리 경단

도토리 가루에 약간의 소금을 넣고 가루 양의 약 1/2 정도의 뜨거운 물로 잘 반죽해 경단을 만들어 끓는 물에 삶아냅니다. 찬물에 잘 헹궈 콩가루를 뿌려 먹으면 별미입니다.

### 도토리 면 조림

도토리 가루 4, 밀가루 6의 배합으로 소금을 풀어 잘 반죽해서 30분 정도 숙성시킵니다. 도마에 밀가루를 뿌린 다음 3mm 정도의 두께로 밀어서 가늘게 썰어 준비합니다. 건더기가 될 만한 재료를 가볍게 볶아 간을 한 국물 안에 넣고 우동과 함께 끓여줍니다.

도쿄도 식량연구소 지도 과장 쓰쓰이 마사유키,
『부인구락부』1945년 8·9월 합병호.


# 전쟁이 끝난 후, 고구마도 요리로 부상

### 영양 런치

콩을 가볍게 볶아 거칠게 갈아 둡니다. 크게 썬 고구마, 당근, 파 등을 기름에 볶아 재료가 잠길 정도로 물을 붓고 <sub>콩 삶은 물은 국물 넣을 때 사용</sub> 끓입니다. 채소가 부드러워지면 소금으로 간을 하고 으깬 콩과 통조림 연어를 넣어 마무리합니다.

도이 시즈코, 『부인구락부』1945년 11·12월 합병호.

## 고구마 오믈렛

삶아서 으깬 고구마와 적당량의 채소를 잘게 다져 기름에 볶습니다. 소금간을 약간 강하게 해서 사람 수만큼 나눠 놓습니다.

다음은 밀가루나 식용가루가 있으면 1인당 중간 크기의 숟가락 2개 분량을 물에 풀어 달궈진 프라이팬에 기름을 살짝 둘러 구운 후, 준비해 놓은 고구마 소를 봉 모양으로 만들어 가운데 얹어서 오믈렛처럼 말아주세요.

여기에 간장으로 버무린 채 썬 무와 파를 곁들여 먹으면 영양도 만점입니다.

## 고구마 볶음찜

채 썬 고구마를 기름을 넉넉히 둘러 약한 불에 볶은 후 뚜껑을 닫아 둡니다. 눌어붙지 않도록 중간중간 뚜껑을 열어 잘 섞어줍니다. 여기에 채소를 넣은 국물을 곁들이면 영양만점 볶음찜이 완성됩니다.

『주부의 벗』 1945년 11월호.

## 대합구이 <sub>도시락용</sub>

밀가루가 배급되는 날에는 고구마 별미 요리. 밀가루에 베이킹파우더와 소금을 넣어 핫케이크 모양으로 빚은 후 으깬 고구마를 넣고 이등분합니다. 삼각형 단면을 아래로 향하게 하면 둥근 대합 모양이 됩니다. 여기에 불에 달군 젓가락으로 대합 껍데기처럼 모양을 내주면 이색적인 분위기를 낼 수 있습니다.

사와사키 우메코,
『부인의 벗』 1945년 8·9월 합병호.

식량배급 풍경. 전쟁은 끝났지만 여전히 식량난이 심각해 배급 받기 위한 고된 노동은 계속되었다.

공습으로 도시 대부분이 파괴되었지만, 도쿄 중심부에 위치한 황거(皇居)의 녹음은 그대로이다.
미국의 폭격이 얼마나 정밀했는지 엿볼 수 있는 장면.

　전쟁 체험 수기를 모은 『생활수첩96 전시생활의 기록』이 간행된 것은 1968년 여름의 일이다. 당시 초등학생이던 나는 이 책을 보고 강한 충격을 받았다. 처음으로 전쟁을 실체적으로 느꼈다고 할까. 지금도 가끔 그 장면들을 떠올리곤 한다.

　그로부터 30여 년이 흘렀다. 나가이 가후永井荷風 등 문학자들이 남긴 일기 같은 것에서 당시 상황을 추측할 수는 있어도 전시 먹거리에 대해 체계적으로 쓴 글은 찾아 보기 힘든 게 사실이다. 그런 만큼 이 책이 좋은 자료가 될 것으로 기대한다.

　무릇 후기는 감사나 반성을 기술하기 마련이다. "지금의 풍요로운 생활에 감사합시다", "지금의 사치스러운 생활을 반성합시다"라는 식으로 말이다. 나는 이 책에서 당시 생활에서 인내하는 것, 참는 것의 숭고함을 배우자고 말하려는 것이 아니다. 이 같은 생활이 오늘도 내일도 계속된다면 얼마나 힘들고 괴로울까. 그렇게 되지 않도록 정치와 국가와 어떻게 마주할 것인가를 진지하게 생각하고 고민하는 계기가 되었으면 하는 마음이 무엇보다 컸다.

　이 책은 많은 분들의 도움으로 나올 수 있었다. 집필 의도에 공감해 주시고 여러 조언을 아끼지 않으신 분들 덕분에 무사히 간행될 수 있었다. 또한, 자료와 사진을 제공해주신 쇼와칸昭和館 여러분들, 기사 게재를 흔쾌히 허락해주신 여러분께 깊은 감사를 전한다.

　마지막으로 이와나미서점의 오타 준코太田順子 씨에게도 감사의 마음을 전한다.

2002년 여름
사이토 미나코

이 책이 이와나미액티브신서岩波アクティブ新書로 간행된 것은 2002년 이다. 그로부터 10여 년이 흘러 일본 사회에도 여러 의미에서 변화가 있었다.

리먼 쇼크2008년 미국의 대형 투자 은행 리먼 브라더스(Lehman Brothers)의 파산으로 촉발된 세계적인 금융 위기 이후 노동환경의 악화와 격차사회의 진행, 동일본대지진과 도쿄전력 후쿠시마 제1원자력발전소 사고, 미일관계를 주축으로 한 안전보장정책의 전환 등등.

일본은 어디로 흘러가고 있는 걸까, 다시금 전쟁을 일으키지나 않을까, 다소 불안한 상황이 이어지고 있다.

덧붙이는 글은 패전 이후 1940년대 후반, 그러니까 점령기 식생활에 대한 간략한 보고이다. 전쟁은 진행 중일 때도 비참하지만, 끝나고 나서도 그에 못지않게 비참하다.

### '1천만인 기아설'이라는 말까지 나돌았던 식량난1945~46년

패전 후 일본 사회는 심각한 식량난과 인플레이션으로 인한 생활난에 직면했다.

앞서 기술한 바와 같이 조선과 타이완에서 이입미가 들어오지 않게 되었던 것, 기후의 악화로 인한 공전의 흉작전년도 대비 40퍼센트 감소, 의욕을 잃은 농가의 쌀 공출 저하목표치의 30퍼센트 등이 겹치면서 1945년 여름부터 다음 수확기를 기다려야 하는 이듬해 46년 가을까지 일본인의 식생활은 말 그대로 바닥을 치는 상황이었다.

쌀 배급은 1945년 7월부터 1일 1인 2합 1작[320그램]으로 줄었는데, 특히 대도시에서는 배급이 늦어지거나 아예 없는 경우도 허다했다. 배급 내용물도 잡곡 등의 대용식이 주식배급율의 50퍼센트에 달했다. 노동력, 선박, 연료 부족으로 수산물은 격감했고, 공장이 파괴됨에 따라 된장, 간장, 소금, 술 등의 식품 제조도 멈췄다. 석탄 생산량이 뚝 떨어져 물자 수송도 원활치 않았다. 거기다 패전에 따른 타격도 심각했다. 대략 660만 명에 이르는 민간인과 군인·군속들이 귀국함에 따라 국내 인구까지 급증했다.

도쿄도의 영양조사[1945년 12월]에 따르면, 배급으로 생활하는 성인의 경우 1인당 필요한 칼로리의 54퍼센트밖에 충족하지 못했다고 한다. 1945년 10월부터 소개 아동들이 순차적으로 도시로 돌아왔지만, 공습으로 집이나 가족을 잃은 아이들도 많았고 영양 상태는 최악이었다.

'영양실조'라는 말이 여기저기에서 터져 나왔고, 패전한 1945년 가을에는 "이대로 가면 1천만이 아사한다!"라는 말까지 공공연하게 나돌았다.

이러한 극한 상황에서 정부가 내놓은 방책은 두 가지. 하나는 GHQ[연합국총사령관] 등에 원조를 요청하거나, 농가의 공출을 강화하는 방법이었다.

1945년 가을, 정부는 GHQ에 식량 435만 톤[곡물 300만 톤, 설탕 10만 톤, 코코넛 30만 톤 등]을 원조해 줄 것을 요청하는데 미국 정부는 이를 보기 좋게 거절한다. "일본 국민의 경제상의 곤란함은 일본국의 책임이며, 연합국은 복구의 부담을 갖지 않는다"고 하는 「항복 후 미국의 초기 대일 방침」[1945년 9월 22일 발포]을 거절의 이유로 들었다.

GHQ가 독자적인 판단으로 필리핀에 비축해 놓았던 밀가루 1,000 톤을 일시적으로 제공하는일본에 도착한 것은 1946년 1월. 쿠페빵으로 만들어 배급 등의 움직임이 있긴 했지만 일본을 시찰한 후버 전 대통령 등의 진언으로 미국 정부가 일본 원조에 나선 것은 1946년 7월의 일이었다.

한편, 공출미를 확보하고자 정부는 1946년 2월에 「식량긴급조치령」 발포와 함께 경찰을 앞세워 강제 공출에 나섰다. 그런데 농가도 사정이 좋을 리 없었다. 공출 가격을 두 배로 인상했지만 암거래로 유통되는 쌀이 많았고 목표한 6할 정도의 공출량을 확보하는 데 그쳤다.

그렇다면 기아에 시달리던 국민들은 어땠을까?

전시 상황과 달라진 것이 있다면 이제 정부를 향해 목소리를 낼 수 있게 되었다는 점이다. 1945년 11월 1일 도쿄 히비야 공원에서 '기아대책국민대회'가 열렸다. 이듬해 5월, 도쿄도 세타가야구에서 열린 '쌀을 요구하는 국민대회'를 시작으로 각지에서 쌀을 달라는 운동이 일었다. 그해 5월 19일에는 궁성황거 앞 광장에서 열린 '식량 데이'에 25만 명이 운집했다.

먹거리 때문에 살인사건이 발생하기도 하고, 군수 물자를 판매하는 상인들이 물건을 뒤로 빼돌려 큰 사건으로 번지기도 했다. 이 시기는 정치, 경제, 외교 모두 식량 중심으로 돌아갔다고 해도 과언이 아니었다.

## 굶어죽지 않으려면 '영양'과 '절구통'

패전은 여성지에도 큰 변화를 초래했다. 용감하고 씩씩한 여성의 모습은 표지에서 자취를 감췄으며, 적국을 비난하는 공격적인 용어도 사라졌다. 그러나 일가의 식사를 책임져야 했던 여성들의 전쟁은 아직 끝나지 않았음을 다음과 같은 비장한 호소에서 엿볼 수 있다.

> 도처에 넘치는 영양실조 환자, 덮쳐 오는 굶주림, 지금 우리들 8천만 생명이 처해 있는 이 무서운 위기는, 정부가 선제적으로 손을 쓰지 않으면 도저히 해결할 수 없을 것입니다. 그와 동시에 가정의 식량 확보를 위한 진지한 노력과 연구가 식생활에도 미치고 있는지 어떤지에 대해 반성할 필요가 있습니다.
>
> 『주부의 벗』 1945년 12월호.

이 시기(1945~46)의 여성지에 게재된 음식 관련 기사에서 눈에 띄는 것은 가정 텃밭 관련 기사와 함께 '영양'이라는 두 글자이다. '영양 주식', '영양 도시락', '영양 찬거리'. '영양'이라 말을 가져다 붙이긴 했지만 지금 우리가 생각하는 균형잡힌 식단과는 거리가 멀었다.

> 부엌을 책임지는 주부는 전시부터 지금까지 긴 세월 동안 어떻게 하면 아이에게, 남편에게, 만족스럽게 세 끼의 식사를 제공할 수 있을지 머리를 싸매고 고민했고, 날마다 피고름을 짜며 고심했습니다. 그러나 이 또한 단순히 포만감을 주기 위한 것은 아니었을까요? (…중략…) 최근 아사하는 사람들이 늘어나고 있다고 하는데, 그것은 결국 먹을 것이 없기 때문이 아

니라 5가지 중요한 영양소 가운데 결핍된 것이 있어서 병이 발발한 것이고, 또 병에 걸려도 그것을 회복할 힘이 없어서 죽음에 이르게 되는 간접 아사가 많기 때문입니다.

『주부의 벗』 1945년 11월호.

적은 식량으로 살아남기 위해서는 무엇보다 '영양실조'를 피해야 했다. 5대 영양소<sub>탄수화물, 단백질, 지방, 비타민, 미네랄</sub> 가운데 하나라도 결핍되면 죽음에 이른다고 설파했다. 여기서 말하는 '영양'이라는 것은 이처럼 생사가 걸린 '영양'이었던 것이다.

비축된 쌀이 드디어 바닥을 보이는 1946년에는 '영양 주식', '영양 도시락'이 요리 코너의 주역을 맡았다. 모두 절미요리의 일환으로 주식과 부식의 구분이 없는, 이름만 요리인 것들이 속속 등장했다.

**영양 주식의 예** 따뜻한 죽과 수제비. 채소를 잘게 썰어 소량의 쌀과 함께 짓는 '채소밥', 채소와 해초를 넣은 국물에 걸쭉하게 반죽한 밀가루를 넣어 만든 '영양 수제비', 통밀을 끓여 밀가루를 풀어 넣은 '오트밀' 등.

**영양 도시락의 예** 휴대가 간편한 경단, 만주, 떡, 찐빵 등. 생선과 채소를 잘게 썰어 베이킹파우더와 함께 반죽한 후 노릇노릇하게 구워낸 '생선빵', 삶아서 으깬 고구마와 밀가루에 갈분 혹은 전분을 섞어 찐 '시코시코떡しこしこ餅', 밀가루와 잡곡 가루에 '영양 가루<sub>잡어 뼈, 호박 씨, 달걀껍질, 다시마 등을 가루로 만든 것</sub>'를 넣은 반죽을 구워 만든 '영양 구이' 등.

여기에 실린 손이 많이 가는 이름만 요리인 것들을 실제로 시도한 이들이 과연 얼마나 있었을까? 어쨌든 최소한의 노력으로 음식을 만들어야 했는데 그중 하나가 '가루 만들기'였다.

"마침내 이것저것 닥치는대로 가루로 만들어 먹어야 하는 시대가 도래했다. 종전 이래 이미 각오했지만, 여기서 다시금 각오를 새롭게 하여 개벽 이래의 식량난 돌파를 위한 방책의 하나인 분식을 철저히 하지 않으면 안 된다"가와시마 시로, 『주부의 벗』 1945년 12월호라는 주장까지 대두했다. 제목은 무려 「아사로부터 구출되는 길은 절구」이다.

분식의 장점은, ① 밀기울과 고구마 줄기 등, 지금은 버리는 부위를 가루로 만들어 먹기, ② 소화가 잘 되는 것, ③ 빵, 경단, 떡, 면류 등, 이용 범위가 넓을 것 등 3가지다. 쌀이 없는 식생활은 이렇듯 번잡스럽다.

단백원은 어땠을까? 「이용하지 않은 동물성 식품의 손쉬운 조리법과 저장법」 『주부의 벗』 1946년 9월호이라는 제목의 기사에는, 전쟁 중 여성지가 쓰지 않던 '식재료' 활용법이 등장한다. 미국가재, 말벌 유충, 번데기, 귀뚜라미, 물방개수거곤충, 달팽이, 개구리, 뱀 등.

프랑스 요리 가운데 진귀한 것. 식용으로 특별히 키우기도 하지만, 비 갠 후 나뭇잎을 먹고 있는 것을 잡아서 사용해도 좋습니다.달팽이 / 식용 개구리는 물론 두꺼비나 참개구리 등 대부분의 개구리는 식용 가능합니다.개구리 / 산무애뱀이나 살무사를 양념해서 구운 것은 특히 강장제로 잘 알려져 있습니다. 입맛이 길들여지면 계속 찾게 되는 진미라고 합니다만, 정력에 특효라고 하니 너무 많이 드시지 않기를.뱀 여성지에 이러한 정보가 실리게 될 줄은 아무도 상상하지 못했을 것이다.

봄에는 감자, 여름에는 옥수수, 가을에는 햅쌀 수확기가 돌아온다. 그 때까지 사람들은 먹을 수 있는 모든 것을 동원해서 살아남아야 했다.

## 수입 식량으로 어려움을 극복하자 1947~48년

1947년은 일본국 헌법이 시행된 해이다.

전후의 식량난을 미국의 원조물자로 극복했다는 이야기를 한 번쯤 들어 봤을 것이다. 잘 알려진 것으로는 가리오아GARIOA 기금 미군이 일본과 독일을 위해 지출한 지원금. 제공이 아니라 대여 이라든가 라라물자 민간 종교단체나 노동단체가 조직한 아시아구조연맹을 통한 구조물자. 특히 1952년까지 지속된 라라로부터의 기증품은 밀가루, 쌀, 버터, 잼, 통조림, 의류 등 다양했다.

아이들의 체격 향상을 위해 1946년 12월에는 가리오아 기금으로 초등학교 급식이 시험적으로 시작되었다. 이듬해 1947년 1월에는 전국 주요 도시 초등학교에서 주 2회의 급식이 이루어졌다. 주식은 각자 지참하고 반찬만 제공되었다. 참고로 첫날 1월 20일의 메뉴는 마카로니와 통조림 연어를 우유와 함께 끓인 것이었다고 한다. 이 날을 위해 점령군은 군용 통조림 5,000톤을 방출하고, 라라물자와 유니세프로부터 기증 받은 탈지분유 등도 동원했다고 한다. 같은 해 가을부터는 탈지분유를 수입하는 등 학교 급식을 전국으로 확대하기 위해 분투했다. 일본인의 대미 감정이 호감으로 바뀐 데에는 이러한 원조의 영향이 컸다고 할 수 있다.

한편, 1946년 7월에는 장기간에 걸친 일본에 대한 경제 봉쇄가 해

제되어 47년에 들어서면 수입 곡류 배급이 시작된다. 이 무렵부터 일본의 식량 사정이 조금씩 풀리게 되었다.

그러나 양은 확보가 되었다고 하지만, 질적인 문제는 여전했다. 배급된 수입 잡곡은 도저히 주식으로 사용할 수 없는(가축 사료에 가까운) 탈지대두분과 옥수수가루. 게다가 입자 형태로 수입되어 대부분이 설비가 제대로 갖춰지지 않은 국내 공장에서 제분되어 배급되었기 때문에 가루에 껍질이나 배아 등이 섞여 있어 소화가 잘 되지 않았다.

"향후 주식 배급은, 한 달에 쌀 약 반 개월 분, 그 외 밀가루, 잡곡 가루, 고구마 등이 될 전망입니다. 현재 배급되고 있는 옥수수가루, 보리 류, 고구마 등을 주식으로 삼는 것은 일시적인 것이 아니라, 우리들의 식습관을 근본적으로 바꾸지 않으면 안 된다는 것을 의미합니다."사와사키 우메코, 『주부의 벗』 1947년 8월호, "탈지대두분, 옥수수가루 등의 수입 식량도 제대로 요리하지 않으면 맛을 내기도 어렵고 소화불량이 되기 십상입니다. 모처럼 진주군의 호의를 허사로 만들어 버리게 됩니다."아쿠쓰 쇼조(阿久津正蔵), 『주부의 벗』 1947년 9월호라는 발언에서 알 수 있듯이, 수입 곡물을 제대로 소비하는 것도 중요한 과제였다.

그렇다면 탈지대두분과 옥수수가루 등 익숙지 않은 재료로 어떻게 만들어 먹었을까? 여성지도 필사적이었다.

**탈지대두분의 활용법** 뼈로 낸 국물에 대두분을 반죽해서 소금, 후추로 간을 한 '대두분 포타주', 5~6시간 물에 불린 대두분과 밀가루를 3대 7로 섞어 베이킹소다를 넣어 찐 '대두분 찐빵', 대두분에 소금을 약간 해서 뜨거운 물에 데치거나, 석쇠나 프라이팬에 구운 '대두분 떡' 등.

**옥수수가루의 활용법** : 채소나 고구마 류를 잘게 썰어 끓인 후 옥수수가루를 넣어 반죽한 '오네리', 뜨거운 물에 데쳐서 옥수수가루를 완자 형태로 만들어 찐 후 구운 '오야키'. 뜨거운 물에 푼 옥수수가루를 도시락통 등에 넣어 차갑게 얼린 후 잘라서 기름에 구운 '콘밀머슈' 등.

주식으로도 부식으로도 부르기 어려운 요리들이 '영양 주식'이라는 이름으로 활개를 쳤다.

### 설탕도 주식 대용!?

웃을 수만 없는 이야기는 계속된다.

1947년 12월, 설탕 특별방출허가가 나오고, 1인 300그램씩 설탕 배급이 결정되었다. 그런데 그것은 '주식 1일분의 대체품'으로 강제된 배급이었다. 쌀 대신 설탕이라니. 이렇게 해서 이듬해 48년 여성지에는 주식 대신 배급된 설탕 활용법이 다양하게 실렸다.

실로 오랜만에 각 가정 부엌에도 설탕 항아리가 등장하게 되었죠. 이번에 배급된 것은 1인 1근씩이라고 하는데, 이것은 쌀을 공제한 양이므로 달짝지근한 맛을 내거나, 설탕으로 주식을 풍요롭게 하는 방법을 생각하지 않으면 안 됩니다.

사와사키 우메코, 『주부의 벗』 1948년 3월호.

이렇게 소개하게 된 데에는 설탕을 듬뿍 사용한 보존 가능한 '조림

콩'이나 '마말레드'『주부의 벗』 1948년 3월호, 밀가루와 흑설탕 반죽을 사용한 '리큐 만주利休まんじゅう', 콩으로도 대용 가능한 조청 과자 '땅콩 토피落花生トフィー', 배급받은 말린 완두콩으로 만든 과자 '아오마메킹통青豆きんとん', 꿀을 바른 '갈분 떡葛餠'에 '가린토', 보존이 목적인 '감자 잼', '된장 크림'『주부의 벗』 1948년 7월호 등.

참고로, '아마미노 모토甘味の素'라는 단맛을 내는 조미료를 비롯해, 인공감미료인 돌친설탕 대용품, 사카린 등도 배급되었다. 단맛이 강하지만 칼로리가 없는 돌친의 경우는 독성 때문에 지금은 사용이 금지된 식품 첨가물이다. 그래도 단맛에 굶주렸던 사람들은 감미료를 환영했다. 그렇다면 설탕은 어떤 이유로 주식 대용이 되었을까?

"설탕 배급으로 쌀을 대체해서는 안 된다는 생각은 설탕을 기호식품으로 생각했기 때문인데, 설탕이야말로 칼로리 식품 중에서 가장 뛰어난 문화적인 것입니다." "설탕 375칼로리는 96돈25근, 빵으로 치면 설탕의 1배 반, 감자라면 3배 이상이나 듭니다."무샤노코지 야스히코(武者小路安彦), 『부인구락부』 1948년 7월호

위의 기사 제목은 「설탕도 주식입니다」이다. 설탕에도 '영양'이라는 가치가 부여되었던 것이다.

그래도 식량 사정은 점차 호전되어 1948년 10월, 정부는 전면 통제품의 1할에 해당하는 1만 3천 개 상품의 공정가격을 폐지했다. 46년 7월에는 공정가격의 30배였던 암거래 쌀 가격도 48년 7월에는 2.4배 정도까지 하락했다. 11월에는 쌀 배급도 2합 7작400그램으로 되돌아왔다. 요리 코너에도 생선정어리나 고등어, 고기유효하게 사용하기 위해 주로 간 고기를 사용한 메뉴가 등장했고 배급 생선이나 고기의 활용법이 실렸다.

1948년에는 '영양'이라는 글자가 급격히 줄어 12월호 여성지들에는 크리스마스 요리 레시피가 게재되었다. 빵을 넣어 통으로 구운 닭고기 통구이『주부의 벗』, 감자 반죽으로 만든 크리스마스 케이크『주부의 벗』등이다.

여성지들도 1947년 봄부터 점차 충실하게 지면을 늘렸고, 48년에는 특별부록이 붙은 컬러 그라비아가 잡지를 화려하게 장식했다.

### 철모 메쉬와 왕관 메쉬 1949~50년

식량 사정이 안정되는 것은 1949년부터였다.

같은 해 3월 아사히신문 여론조사에 따르면 생활이 나아졌다고 생각하는 사람이 20퍼센트, 나빠졌다고 생각하는 사람이 43퍼센트에 불과한 반면, 식량 사정이 좋아졌다고 응답한 사람은 61퍼센트, 도시에서는 71퍼센트였다.

1948년 가을 풍작을 거두어 국민 전체의 총 수요량 5,500만 석825만 톤에 대해 4분의 3에 해당하는 4,250만 석640만 톤을 공급할 수 있었다고 한다. 부족분의 2할 5부는 수입미를 통해 안정된 공급이 가능해졌다. 통조림, 버터, 커피 등이 '주식'의 범주에서 제외되었다.

1949년 4월에는 채소에 이어서 고기와 달걀도 통제가 풀렸다. 10월에는 생선류도 자유롭게 판매할 수 있게 되었다. 음식점이 하나 둘 문을 연 것도, 가정 식탁 사정이 개선되는 것도 바로 이 해부터였다.

'옥수수가루의 활용법'과 같은 제목을 단 기사들은 여전했지만 여성지도 전쟁 전의 밝은 기운을 되찾아 가기 시작했다. 서양풍 레시피가 전쟁 전 이상으로 늘어난 것은 수입 식량과의 격투 끝에 쌀에 대한 집착이 많이 줄었기 때문이리라.

1948년 7월에 「국민의 축일에 관한 법률国民の祝日に関する法律」이 시행되어 단오절이라는 이름으로 기념하던 날은 1949년 5월 5일부터 '어린이날'로 바뀌었다. 이 해에 「어린이날 기념 요리」고바야시 후미코(小林文子), 『주부의 벗』 1949년 5월호와 함께 다음과 같은 글이 실리기도 했다.

"새롭게 축일로 제정된 5월 5일의 '어린이날'에는 푸르른 5월의 하늘처럼 밝고 건강하게 자라나도록 우리 아이들의 앞날을 기원하며, 어머니의 진심을 담은 손요리로 축하합시다"라고. 이 같은 글귀는 「대동아시대의 건설을 짊어질 어린이를 위해」라는 제목으로 나갔던 1941년의 '단오절 요리'와 사뭇 다른 느낌이다.

메뉴는 크림스프에 토마토케첩이나 식용 색소로 붉게 물들인 '아케보노 스프曙スープ', 찐 도미 토막에 잘게 다진 시금치 소스를 얹은 도미 그린 소스, 마제돈 샐러드, 햄 애스픽 젤리 등의 식단으로 꾸며졌는데, 흥미로운 것은 '치킨아라킹Chicken à la King : 버터에 구운 닭고기에 크림 소스를 얹은 것'이라는 이름의 닭고기 요리다. 그릇에 담아내는 방법은 다음과 같다.

롤 형태로 빚은 메쉬 포테이토를 큰 접시 위에 5마디 정도의 커다란 원 모양으로 둑을 쌓고 그 위에 그림처럼 예쁘게 마무리 장식을 합니다. 리본을 묶으면 한층 화려한 요리를 선보일 수 있습니다.

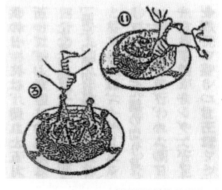

'치킨아라킹'을 장식하는 법

메쉬 포테이토를 점토처럼 사용하는 취향은 1941년의 '철모 메쉬'51쪽 참조와 유사하다. 다만, 동화스러운 느낌을 살려 "아이들이 좋아할만한 옛날이야기 속 왕자의 왕관 모양 포테이토 메쉬"로 디자인했다.그림 참조

용감한 철모에서 왕자의 왕관으로 모양이 바뀐 메쉬 포테이토!

모양새도 그렇지만 주의해야 할 것은 메쉬 포테이토가 '장식'의 재료로 사용되고 있는 점이다. 이렇게 유희를 즐기는 것은 곧 평화의 시대가 도래했음을 의미한다.

### 식량난은 사람도 문화도 파괴한다

전쟁으로 파괴된 식탁이 완전하게 부활한 것은 언제쯤일까?

특정하기 어렵지만, 추측건대 『부인의 벗』 1950년 5월호에 실린 다음과 같은 특집 기사부터가 아닐까. 이름 하여 「특집 신부수업의 길잡이 모든 요리의 기초 독학서特集 花嫁修業の手引 料理の基礎一切の独習書」.

총 16페이지로 이루어진 특집 기사는 이런 말로 문을 열고 있다.

학생에서 곧 새로운 가정으로 들어갈 신부 수업이 필요한 아가씨들을 위해 일류 요리 선생님들에게 부탁하여 부엌 교실을 열었습니다. 우선 먼저 『모든 요리의 기초 독학서』를 소개합니다. 이 책으로 열심히 공부하면 세 끼 식사 준비가 즐거워질 것이며, 요리솜씨도 일보 진전할 것입니다. 맛있는 요리는 가족들을 기쁘게 합니다.

내용적으로도 최선을 다한 것으로 보인다. '맛있는 밥을 짓는 법'으

로 시작해서 다양한 쌀밥 요리까지. 이를테면, '오코와赤飯:팥밥', '다키코미고항炊き込み御飯:채소와 생선, 고기를 넣고 간을 해 지은 밥', '마제고항混ぜ御飯:따뜻한 밥에 양념한 고기,야채, 유부 등의 재료를 섞어 넣은 요리', '스시항すし飯:회덮밥', '노리마키海苔巻き:김밥', '서양풍 다키코미고항필라프', '볶음밥' 등등 호화찬란. 그 외에도 국물 내는 법가쓰오부시 얇게 저미는 법, 다시마 육수 내는 법, 맑은 장국 맛내기, 마른 멸치가 들어간 된장국,닭뼈 육수 등 이 있다. 양식 소스와 기초적인 양식 일품요리 만드는 법이나 일식 조림, 찜, 무침, 구이, 튀김 요리법도 있다.

이러한 수준을 생각하면, 1950년에는 식문화는 거의 전쟁 전 수준을 회복한 것으로 보인다. 1950년은 한국전쟁으로 일본 특수가 활발했던 해. 아이러니하게 일본의 부흥을 경제적으로 지탱한 것도 전쟁이었다.

어찌되었든 앞의 기사는 전쟁과 먹거리의 관계를 다시금 생각하게 한다. 첫째, 다채로운 식재료뿐만 아니라 다양한 조리기구가 없으면 가정요리를 만들 수 없다는 것. 둘째, 전쟁은 기술의 전승도 지체시킨다는 것.

앞서 기술한 바와 같이 전쟁 전 여학교는 조리실습에 힘을 기울였다. 그런데 패전을 전후해서 약 10년 동안 젊은 여성들은 요리를 배울 기회를 빼앗겨 버렸다. 재료가 부족했고, 여학생들은 군수공장이나 농촌으로 근로봉사로 내몰렸다. 도시 거주자들은 집을 잃었다. 제대로 된 요리의 맛을 알지 못한 채 성장한 아이들도, 요리의 기초를 배우지 못하고 성인이 된 여성들도 적지 않았을 것이다. '신부 수업 길잡이'라는 특집은 이러한 요구를 반영한, 이제부터 일본 음식의 역사를 다시 만들어가겠다는 기개마저 엿보인다.

지금까지 살펴본 것처럼 식량난은 생명을 위기로 내몰 뿐만 아니라 문화까지 파괴한다. 주식과 부식을 구별하지 않고 영양만을 생각하라는, 무엇이든 닥치는 대로 가루로 만들어 먹으라는, 바로 이것이 문화 파괴가 아니고 무엇인가.

1951년, 샌프란시스코 강화조약을 조인하고 일본은 독립국가로 국제사회에 복귀했다. 그 후로도 전쟁은 계속되고 있다. 전쟁에서 살아남기 위해 새로운 레시피를 만들어야 하는 이들이 오늘날에도 존재한다는 것, 언제 어디서 이 같은 상황에 빠질지, 그 어떤 나라도 자유롭지 않다는 사실을 잊지 않았으면 한다.

2015년 6월
사이토 미나코

이 책은 사이토 미나코의 『전시하 레시피戦下のレシピ』이와나미쇼텐[岩波書店], 2015를 완역한 것이다. 저자는 오랜 전쟁으로 피폐해져 가는 일본인의 먹거리 사정을 당대 여성지에 실린 요리 레시피를 통해 밝힌다. '총력전은 절미부터', '관민 하나가 되어 절미운동', '부엌의 전투 배치', '장엄한 결전 비상식' 등의 장 제목에서도 드러나듯, 전쟁 전 풍요로운 먹거리 시대를 구가하던 일본이 중일전쟁, 아시아태평양전쟁을 거치며 일반 가정의 밥상에까지 '대동아공영권'의 그림자가 짙게 드리우게 되는 과정이 실감 나게 펼쳐진다.

주부들은 식구들의 굶주린 배를 채우기 위해 적은 양의 쌀을 몇 배로 불려 밥을 짓고, 평상시에는 거들떠보지 않던 길가의 잡초까지 식자재로 활용해야 했다. 그뿐만이 아니다. 입을 것이 부족해 매일매일 바느질에 시달려야 했고, 물자를 배급받기 위해 긴 시간 줄을 서야 하는 수고로움을 감내해야 했다. 매일 밤 공습경보가 울리는 통에 잠도 편하게 잘 수 없는 삶. 저자는 이렇듯 수면 부족과 중노동에 시달리면서 밥이 없다는 것에서 전쟁의 본질을 찾는다.

여성들의 전쟁 협력, 이른바 '후방'에서 전쟁을 수행하는 '총후銃後'라는 관점에서 보자면 이 책에 실린 내용을 마음 편하게만 읽을 수 없을 것이다. 물론 이 책은 전쟁을 옹호하거나 미화하는 것과는 거리가 멀다. 전쟁은 먹거리와의 전쟁이자 민중의 수난사이기도 했음을 구체적이고 실증적인 사례들을 통해 보여줌으로써 두 번 다시 전쟁이 일어나서는 안 된다는 것을 일깨워준다.

일본 제국의 침략 전쟁 때문이라는 측면을 부각시켜 보이는 글귀도 곳곳에서 발견된다. 예컨대, 만성적 쌀 부족에 시달리던 일본이 다이쇼기부터 '이입미'를 들여와 해소할 수 있었던 것은 당시 일본의 식민지였던 타이완과 조선에 쌀 증산 정책을 밀어붙인 탓임을 직시하거나, 한 여성지 요리 코너에 '조선·만주 편'이 마련된 데에서 '흥아' 시대의 '수상쩍은 분위기'를 감지하는 식의 기술이 그러하다. 당시 여성지의 글귀 그대로 여과 없이 싣게 되면 한국을 비롯한 피식민지 경험을 갖는 독자들에게는 불편하게 다가올 수밖에 없을 텐데, 저자는 이 책의 목적이 어디를 향하고 있는지 자칫 독자들이 길을 잃지 않도록 세심히 안내한다.

저자는 당시 생활에서 인내하는 것, 참는 것의 숭고함을 배우자고 말하려는 것이 결코 아님을 거듭 밝히고, 전쟁의 고된 삶이 다시 반복되지 않도록 정치와 국가와 어떻게 마주할 것인지 진지하게 고민하도록 촉구한다. 더 나아가 전쟁에서 살아남기 위해 기상천외한 레시피를 만들어야 하는 상황에 다시는 빠지지 않아야 한다는 반전평화의 메시지까지 분명하게 전달하고 있다.

단순한 요리 레시피라고 생각하고 이 책을 펼쳤다면, 오늘날의 풍요로운 식생활 이면에 전쟁이 초래한 궁핍하고 처절한 식문화의 역사가 자리한다는 사실을 떠올려주기 바란다. 전쟁의 광기가 우리들의 평범한 밥상을 침입하고 위협하는 일이 다시 일어나지 않도록 말이다.

2024년 5월
손지연 씀

| 연도<br>(쇼와) | 일반사항 | 총후(銃後)와 식생활 관련 사항 |
|---|---|---|
| 1936<br>(쇼와<br>11) | 2·26사건(2.26)<br>일독방공협정(日独防共協定)조인(11.25) | 미곡자치관리법 공포(5.28) |
| 1937<br>(쇼와<br>12) | 노구교(蘆溝橋)사건. 중일전쟁 개시(7.7)<br>대본영(大本営) 설치(11.20)<br>일본군, 남경 점령. 남경사건(12.13) | 알코올 전매법 공포(3.31)<br>국민정신총동원중앙연맹 발족(10.12) |
| 1938<br>(쇼와<br>13) | 국민 체력향상을 위한 후생성(厚生省) 설치<br>(1.11)<br>국가총동원법 공포(4.1)<br>전력의 국가관리 실현(4.6)<br>서주 점령. 중일전쟁 진흙탕으로(5.19)<br>일본군, 광동(10.21), 무한삼진(10.27) 점령 | 국민정신총동원중앙연맹 전국적으로<br>백미식(白米食) 폐지운동 확대(8~)<br>국책대용품보급협회 설립(9.15) |
| 1939<br>(쇼와<br>14) | 노몬한사건(5.12). 일본군 참패(8.20)<br>국민징용령 공포(7.8)<br>미국, 일미통상항해조약 파기를 통보(7.27)<br>소련·독일 불가침조약 조인(8.23)<br>독일군, 폴란드 진격, 영국, 프랑스와 개전.<br>제2차 세계대전 개시(9.1) | 낙농업조정법 공포(3)<br>도쿄중앙도매시장에서 생물 생선, 청과류 공정가<br>격표시제 도입(4.10)<br>미곡배급통제법 공포(4.12)<br>한반도와 서(西)일본의 가뭄으로 물가급등(8)<br>가격 등 통제령 공포(10.18)<br>쌀 강제매상제(強制買上制), 배급제 실시<br>(11.16)<br>7부 정미 강제규칙 공포(11.25)<br>백미금지령 시행(12.1) |
| 1940<br>(쇼와<br>15) | 7·7금령(사치품 등 제조판매제한 규칙 시행<br>(7.7)<br>「기본국책요항」 각의결정. 대동아신질서 표방<br>(7.26)<br>일본군, 북부 프랑스령 인도네시아 '진주'(9.23)<br>일·독·이탈리아 삼국동맹 조인(9.27)<br>대정익찬회 발족(10.12)<br>기원2600년 기념 축하 관련 행사(11.10~14) | 도쿄시, 쌀에 외래미 강제 혼합(3)<br>전국에서 매월 2회 '고기 없는 날(肉なしデー)'<br>시행(4.7)<br>미곡강제출하 명령 발동(4.10)<br>도쿄시, 외래미 6할 혼합 배급(5.3)<br>주 1회 절미 데이(節米デー) 개(5.10)<br>도쿄부(東京府), 식당, 요리점 등에 쌀 사용 금지,<br>판매시간 제한 실시(8.1)<br>우유, 유제품 배급통제규칙 공포, 육아용 우선 배<br>급(10.10)<br>설탕, 성냥, 전국적으로 배급제로(11.1)<br>가정용, 1~5할 보리 혼합미 배급(11.8)<br>잡곡배급통제규칙 공포. 콩류 5품목 통제(11.14) |

| 1941 | 도조(東条英機) 육상(陸相) '전진훈' 발표(1.8) | 쌀가게 자유영업 폐지(1.20) |
| (쇼와 | 일·소중립조약 조인(4.13) | 생활필수물자통제령 공포(4.1) |
| 16) | 미일교섭 개시(4.16) | 6대 도시에서 미곡배급통장제·외식권제 실시. 1 |
| | 독일군, 소련 침입(6.22) | 인 1일 2합(合) 3작(勺)(4.1) |
| | 일본군, 남부 프랑스령 인도네시아 '진주'(7.28) | 정육점에서 개, 해마, 물개 고기 식용 허가(4.8) |
| | 미국, 일본에 석유수출 금지(8.1) | 가정용 목탄배급통장제 실시(5.1) |
| | 어전회의(御前会議), 「제국국책수행요령(帝国国 | 도쿄시에서 매월 2회 '고기 없는 날' 시행(5.8) |
| | 策遂行要領)」결정(9.6) | 식용유 배급제(6.7) |
| | 조르게사건(10.15) | 보리류 배급통제규칙 공포(6.9) |
| | 도조 히데키 내각 성립(10.18) | 도쿄시 채소 부족 심각(7) |
| | 어전회의, 대(対) 미·영·네덜란드 전쟁 결정 | 감자류 배급통제규칙 공포(8.20) |
| | (12.1) | 금속류 회수령(8.30) |
| | 일본군 진주만 공격, 미·영 양국에 선전포고, 태 | 향신료 배급제(9.10) |
| | 평양전쟁 개시(12.8) | 식육배급통제규칙 공포(9.20) |
| | 말레이반도 상륙, 괌 점령(12.10) | 달걀 배급제(12) |
| | 각의에서 '대동아전쟁'이라는 호칭 결정(12.10) | 물자통제령 공포·시행(12.16) |
| | 독일·이탈리아, 대미선전포고(12.11) | 농업생산통제령 공포(12.27) |
| 1942 | 일본군, 마닐라(1.2), 싱가포르(2.15), 랭군(3.8), | 식염(食塩) 통장배급제(1.1) |
| (쇼와 | 바탄 반도(4.11), 버마(5.1) 등 동남아시아 각지 | 된장, 간장 배급제 실시(2.1) |
| 17) | 점령 | 식량관리법 공포(2.21) |
| | 도쿄, 나고야, 고베, 가와사키, 옷카이치(四日市) | 임산부, 유아에게 빵 배급제 실시(5.1) |
| | 에 첫 공습(4.18) | 농업생산장려규칙 공포(6.10) |
| | 미드웨이해전 참패(6.5) | 현미식 보급운동 정식 결정(11.24) |
| 1943 | 과달카날섬 철퇴 개시(2.1) | 배급미 5부 정미로(1.7) |
| (쇼와 | 애투섬 수비대 전멸(5.29) | 현미 배급 개시(1.15) |
| 18) | 도쿄도제(東京都制) 시행(7.1) | 맥주 배급제(3.1) |
| | 이탈리아 무조건 항복(9.8) | 목탄, 장작 배급제(5.1) |
| | 학생 징병 유예 정지(10.2) | 쌀대용 감자 배급(6) |
| | 항공기 생산 최우선, 식량자급태세 확립, 국내태 | 전국적으로 고구마 대증산운동(7) |
| | 세강화방책 각의 결정(9.21) | 경시청 「쌀양 3배 늘이기 국책취사」보급 시작(7) |
| | 마킹, 다라와 섬수비대 전멸(11.25) | 「식량자급태세강화대책요강」각의결정(12.28) |
| | 제1차 학도대 출진(12.1) | 12월, 교정(校庭)농원, 노방(路傍)농원 본격화 |
| 1944 | 임팔작전 개시(3.8) | 문부성, 식량증산에 어린이 500만 명 동원 결정 |
| (쇼와 | 연합군, 노르망디 상륙(6.6) | (2.25) |
| 19) | 임팔작전 중지 명령(7.4) | 도쿄도, 조스이(죽) 식당 개설(2~) |
| | 사이판섬수비대 전멸(7.7) | 도쿄도, 전시 식량증산촉진본부 설치(5.1) |
| | 도조내각 총사퇴(7.18) | 결전식으로 '돼지감자(菊芋)'(가축사료) 등장 |
| | 연합군, 파리 입성(8.25) | (5.4) |
| | 데니앙(8.3) 괌(8.10) 수비대 전멸 | 도쿄에 국민주장(酒場) 개설(5.5) |
| | 17세 이상 병역 편입(10.18) | 대도시 어린이 집단소개 결정(6.30) |
| | 레이테 해전(10.24), 특공대 첫 출진(10.25) | 설탕 가정용 배급 중지, 암거래로 가격 급등 |
| | 도쿄에 B29 80기 첫 공습(11.24) | (8.1) |
| | | 도쿄, 오사카에서 방공비축미 5일분 특별 배급 |
| | | 결정(8.15) |

| 1945<br>(쇼와<br>20) | 최고전쟁지도회의, 본토결전 등 결정(1.25)<br>도쿄대공습(3.10) 사망자 10만 명<br>이오섬수비대 전멸(3.22)<br>미군 오키나와 상륙(4.1)<br>독일 무조건 항복(5.8)<br>오키나와전투(沖縄戦) 종료, 수비대 전멸(6.23)<br>영·미·중 포츠담선언 발표(7.26)<br>히로시마(8.6), 나가사키(8.9)에 원폭 투하<br>소련군 참전(8.8)<br>포츠담선언 수락 결정(8.14)<br>천황「전쟁종결소서(戦争終結の詔書)」방송, 패<br>전(8.15)<br>GHQ 설치(8.28)<br>항복문서 조인(9.2)<br>재벌해체, 농지개혁 등 GHQ에 의한 점령정책 개<br>시(~1952) | 고구마증산대책요강 각의 결정.「특공혼(特攻魂)<br>으로 2배 증산 목표」(1.30)<br>공습으로 도쿄 식품 관련 공장 다수 소실(3)<br>주식 배급을 1할 감량하고 1인 1일 2합 1작<br>(7.11)<br>단백원으로 뱀, 개구리, 쥐 식용 가능(7)<br>식량확보긴급조치 각의 결정(9.18)<br>GHQ에 식량수급계획서 제출. 국민 1인 1일<br>1,551칼로리(9.29)<br>도내 암시장 활성화(9~)<br>다이쇼, 쇼와기 최대 흉작으로 식량위기 심각<br>GHQ에 식량 435만 톤 수입 요청(10.26) |
| --- | --- | --- |

# 참고문헌

## 식문화사 관련 문헌

이시카와 히로코石川寬子・에하라 아야코江原絢子 편, 『근현대의 식문화近現代の食文化』, 弘学出版, 2002.

엔도 모토오遠藤元男・다니구치 우타코谷口歌子, 『日本史小百科 飲食』, 近藤出版社, 1983.

오쓰카 쓰토무大塚力, 『'식'의 근대사『食」の近代史』, 教育社歷史親書, 1979.

가가와 요시코香川芳子 감수, 『5정 식품분석표五訂食品成分表』, 女子栄養大学出版部, 2002.

고스게 게이코小菅桂子, 『일본 부엌 문화사(증보)にっぽん台所文化史(増補)』, 雄山閣, 1998.

사이토 도키오西東秋男, 『일본식생활연표日本食生活史年表』, 薬游書房, 1983.

사카이 젠키치阪井建吉, 『고구마さつまいも』, 法政大学出版局, 1999.

사쿠라이 요시토桜井芳人, 『포켓 종합식품사전ポシェット総合食品事典』, 同文書院, 1984.

다카쿠 히사시高久久, 『어시장의 물고기魚河岸の魚』, 日刊食糧新聞社, 1975.

나스 게이지奈須敬二・오쿠타니 다카시奥谷喬司・오구라 미치오小倉通男, 『오징어イカ』, 成山堂書店, 1991.

혼마 노부오本間伸夫 외, 『채록 니이가타의 식사聞き書 新潟の食事』, 農山漁村文化協会, 1985.

와타나베 젠지로渡辺善次郎 외, 『채록 도쿄의 식사聞き書 東京の食事』, 農山漁村文化協会, 1988.

하야시 야사카林弥栄, 『야마케이 컬러 도감 일본의 들풀山渓カラー名鑑 日本の野草』, 山と渓谷社, 1983.


## 전쟁・총후사 관련 자료

이시즈카 히로미치石塚弘道・나리타 류이치成田龍一, 『도쿄도 백년東京都の百年』, 山川出版社, 1986.

오카 미쓰오岡満男, 『부인잡지 저널리즘婦人雑誌ジャーナリズム』, 現代ジャーナリズム出版会, 1981.

오사다 아라타長新 외, 『내가 어렸을 때わたしがちいさかったときに』, 童心社, 1967.

여자들의 현재를 묻는 모임女たちの現在を問う会, 『총후사 노트 복간4 여자들의 12월 8일銃後史ノート 復刊4 女たちの12月8日』, JCA出版, 1982.

_____, 『총후사 노트 복간5 전장화하는 총후戰場化する銃後』, JCA出版, 1983.

_____, 『총후사 노트 복간4 여자들의 8・15女たちの8・15』, JCA出版, 1984.

가토 히데토시加藤秀俊 편, 『메이지・다이쇼・쇼와 세상사明治大正昭和世相史』, 社会思想社, 1972.

_____ 『쇼와 일상생활사 모던보이・모던걸에서 암시장까지昭和日常生活史 モボ・モガから闇市まで』, 角川書店, 1985.

사이토 미나코斎藤美奈子, 『모던걸 론モダンガール論』, マガジンハウス, 2000.

시모카와 고시下川耿史 편, 『쇼와・헤이세이 가정사 연표昭和・平成家庭史年表』, 河出書房新社, 1997.

_____ 『근대 어린이 역사 연표近代子ども史年表』, 河出書房新社, 2002.

하라다 가쓰마사原田勝正 편저, 『쇼와 세상사昭和世相史』, 小学館, 1989.

야마나카 히사시山中恒, 『생활 속 태평양전쟁暮らしの中の太平洋戦争』, 岩波新書, 1989.

『생활수첩 96 전시 생활 기록暮らしの手帳96 戦争中の暮しの記録』, 暮しの手帳社, 1968.

『별책 중앙공론2 부모가 아이에게 남기는 전쟁 기록別冊中央公論2 親が子に残す戦争の記録』, 中央公論社, 1981.

『근대일본종합연표 제4판近代日本総合年表 第4版』, 岩波書店, 2001.

『쇼와 2만일의 모든 기록4 일중전쟁으로의 길昭和二万日の全記録4 日中戦争への道』, 講談社, 1989.

『쇼와 2만일의 모든 기록5 일억 '신체제'一億の「新体制」』, 講談社, 1989.

『쇼와 2만일의 모든 기록6 태평양전쟁』, 講談社, 1990.

『쇼와 2만일의 모든 기록7 폐허로부터의 출발廃虚からの出発』, 講談社, 1989.

『쇼와 2만일의 모든 기록8 점령하 민주주의占領下の民主主義』, 講談社, 1989.

집필에 도움을 주신 분들

**요리**　후지와라 미사藤原美佐

**촬영**　난토 레이코南都礼子 (요리 사진)

　　　기무라 요시유키木村義志 (식물 사진)

**사진 제공**　쇼와칸昭和館

　　　마이니치신문사毎日新聞社

**자료제공**　쇼와칸

**편집협력**　기무라 유시유키木村義志

　　　사이토 마리코斎藤真理子

　　　하타나카 미오코畑中三応子

**취재협력**　시라이시 요시타카白石好孝

　　　가와카미 요이치川上洋一

　　　가와카미 기노부川上きのぶ